孔子 述
孔门弟子 撰
钱宁 重编

新论语

生活·读书·新知 三联书店

Copyright © 2016 by SDX Joint Publishing Company.
All Rights Reserved.
本作品中文简体版权由生活·读书·新知三联书店所有。
未经许可，不得翻印。

图书在版编目（CIP）数据

新论语/（春秋）孔子述；（春秋）孔门弟子撰；钱宁重编. —北京：生活·读书·新知三联书店，2016.9 （2024.4 重印）
ISBN 978–7–108–05627–6

Ⅰ. ①新… Ⅱ. ①孔… ②孔… ③钱… Ⅲ. ①儒家 ②《论语》–注释 ③《论语》–译文 Ⅳ. ① B222.2

中国版本图书馆 CIP 数据核字（2016）第 020614 号

责任编辑	李静韬
装帧设计	康　健
责任印制	董　欢

出版发行　生活·讀書·新知 三联书店
　　　　　（北京市东城区美术馆东街 22 号 100010）
网　　址　www.sdxjpc.com
经　　销　新华书店
印　　刷　河北鹏润印刷有限公司
版　　次　2016 年 9 月北京第 1 版
　　　　　2024 年 4 月北京第 7 次印刷
开　　本　880 毫米 × 1230 毫米　1/32　印张 9.75
字　　数　275 千字
印　　数　28,001 – 31,000 册
定　　价　45.00 元

（印装查询：01064002715；邮购查询：01084010542）

目 录

序言　重构的经典 ··· 1

内编：孔子之语

核心篇第一 ··· 11
一、仁为核心 ··· 11

仁者，二人也，即人与他人的关系。一部《论语》，以"仁"为核心而展开论述，讲述了"仁"的定义及内涵，以及如何做到"仁"的具体要求。

（一）仁是什么　　11
（二）仁不是什么　　13
（三）如何做到仁　　14
（四）仁者之仁　　17

二、仁之形态 ··· 21

不同的社会关系中，"仁"呈现出不同形态：与父母之间为"孝"，与兄弟之间为"悌"，与他人之间为"信"，其中，孝为基本，因为子女与父母的关系是一个人出生时获得的最基本的社会关系。

  （一）仁自孝始 21
  （二）悌即亲情 25
  （三）信是准则 26

三、外化为礼 ························ 27

  "仁"外化为"礼"，是治国的基本原则，也是君臣间的"契约"，体现在各种仪式典礼之中，并形成社会中人与人不同关系的行为规范。

  （一）礼基于仁 27
  （二）治国之本 27
  （三）君臣之道 29
  （四）礼之本质 30
  （五）礼之承继 31

路径篇第二 ························ 34

一、求仁之途 ························ 34

  个人求仁之途有三：学习、修身和践行。学习，是获取知识；修身，是培养品德；践行，是在生活实践中体验感悟。三条途径，只有一个目的，为的是达到"仁"的境界。

  （一）学习 34
  （二）修身 42
  （三）践行 49

二、君子之路 ························ 54

  人之仁者，即为君子；人之不仁者，便是小人。君子有自己独特的品行规范，小人也有标签式的行为举止。

  （一）君子标准 **54**

  （二）君子和小人 **64**

实践篇第三 —————————————————— 70
一、从政治国 ————————————————— 70

  将"仁"实践于社会，就是仁政。仁者治国，自有其一整套方略，以"德治"为中心，以立信、重教、正名、选贤等为举措。

  （一）以仁为政 **70**

  （二）以德治国 **72**

  （三）以信立国 **76**

  （四）以教兴国 **77**

  （五）以身作则 **79**

  （六）直言谏君 **81**

  （七）正名为先 **83**

  （八）举直选贤 **84**

  （九）欲速不达 **86**

  （十）其他 **87**

二、处世为人 ————————————————— 90

  仁者处世为人，关键是如何面对富贵、闻达，以及怎样交友、待人、入仕和闲居等。

  （一）富贵 **90**

  （二）闻达 **93**

（三）为士　95

（四）入仕　97

（五）尊师　100

（六）交友　101

（七）识人　104

（八）做人　108

（九）好德　111

（十）慎言　113

（十一）闲居　116

例证篇第四 —— 118
一、评价弟子 —— 118

孔子通过对众多弟子的评论，特别是对颜渊、子路和子贡的赞许和批评，指出如何才能达到"仁"的境界。

（一）颜渊　118

（二）子路　123

（三）子贡　130

（四）其他弟子　132

二、谈诗论乐 —— 143

将诗和乐视为感悟"仁"的审美对象，发掘其中意蕴，以启发、教育弟子们。

（一）谈诗　143

（二）论乐　147

三、辨析案例 ·· 150

通过对一些复杂案例的辨析，说明仁者在遇到类似问题时该如何处置，"仁"的准则又该如何遵循和贯彻。

四、议论时政 ·· 152

就许多当时发生的政治事件发表评论和意见，表现出仁者在不同问题上应有的立场和态度。

（一）季氏当权　152
（二）鲁国时政　156
（三）礼乐衰微　159
（四）诸侯各国　161
（五）隐士之讽　167

五、臧否人物 ·· 172

在与弟子们论学议政之时，孔子对现实中和历史上的许多人物，给予或好或坏的评价，其评人论事，始终以"仁"为衡量标准。

（一）同代之人　172
（二）历史人物　181

哲思篇第五 ·· 193
一、天命 ·· 193

"仁"下植人性，上合天道。"仁"之行于天下，是天命，而孔子坚信自己肩负着实现这一天命的使命。

二、鬼神 — 197
孔子对鬼神之类超经验事物,一般采取的是"存而不论"的明智态度。

三、夫子自道 — 200
孔子的自我评价。

四、时光如逝水 — 205
感叹时间之永恒,生命之短促。

外编:弟子之言

评价篇第六 — 209
一、生前 — 209
同代人对孔子的认识和评论。

二、身后 — 211
弟子们对孔子崇高形象的捍卫。

三、学说 — 214
弟子们对孔子思想的高深,有着各自的理解和领悟。

记忆篇第七 — 216
一、音容笑貌 — 216
弟子们记忆中的孔子形象。

二、行为举止 …………………………………………… 217

孔子在不同场合的表现。

（一）朝廷之上　217

（二）乡野之间　219

三、衣食住行 …………………………………………… 222

孔子日常生活的记录。

（一）衣　222

（二）食　223

（三）住　225

（四）行　226

四、言传身教 …………………………………………… 227

言传之外，孔子在平日生活中还时时注意身教。

五、生平际遇 …………………………………………… 229

弟子们记录下来的孔子生平遭遇到的一些人和事。

阐释篇第八 ……………………………………………… 231
一、主要思想 …………………………………………… 231

弟子们就孔子的一些主要思想，如孝、悌、礼等，进行了阐述和发挥。

（一）孝悌　231

（二）礼　233

二、学习修身 235

弟子们就如何学习和修身发表各自的意见。

(一) 学习　235

(二) 修身　236

三、君子和志士 240

弟子们讨论如何才能成为一个君子和志士。

(一) 君子　240

(二) 志士　242

四、治国之策 243

弟子们讨论为政的诸多问题：求仕、治国、富民，以及做官之难。

五、交友之道 247

弟子们就交友之道表达的观点和看法。

六、关于弟子 249

有关孔门弟子言行的记录，以及弟子间的相互评论。

七、历史之鉴 253

学习和探讨一些先王事迹和言论，并记录下一些史实、人物和文献知识。

编后说明 258
附录1　《论语》原文 261
附录2　人物表 296

序言　重构的经典
——写在《新论语》问世之前

儒学的软肋

作为东方文明的象征，孔子代表着中国传统思想和文化的最高成就，可以说是世界上最有名的中国人，其声名卓著，已到了家喻户晓的地步，但盛名之下，《论语》——这部最能体现孔子思想的儒家经典，却很少得到西方学人的好评和赞扬。

当西方学人怀着崇敬的心情，认真拜读《论语》时，看到的是什么？是一些散乱的道德箴言，不过是劝诫大家要做"好人"。"箴言"平淡无奇，话还说得"颠三倒四"。

在这方面，德国两位最伟大也最深刻的哲学家康德和黑格尔颇具代表性。康德首先就不认为孔子是哲学家，将《论语》看成"不过是给皇帝制定的道德伦理教条"（《自然地理学》）；黑格尔对孔子的评价也同样不高，认为他只是"一位实际的世间智者"，其学说是一种"道德哲学"，"没有一点思辨的东西，只有一些善良的、老练的、道德的教训"（《哲学史讲演录》）。

总之，《论语》留给西方人的印象，基本是两点：一是缺乏深度；二是没有逻辑。

先不必激动，也不要义愤，以为西方人对我中华文明抱有偏见，或者他们是在故意"亵渎圣贤"。平心静气而论，这些批评并非没有道理。

其实，何止外国人看不懂《论语》，中国人读《论语》难道不也是一头雾水吗？《论语》共20篇，篇目次序散乱，编排没有章法，一篇之内，语句更是随意置放。如果不是历代无数注释家的艰辛梳理和细心阐释，我们今天哪里看得出其中那么多的"微言大义"呢？

为什么会这样呢？在这里，我们看到了儒学的"软肋"——作为儒学最重要的典籍，《论语》之所以如此散乱，是因为它本身并非一部成熟之作，而是一部未经整理的课堂笔记。

《论语》：一部未经整理的课堂笔记

说《论语》是一部未经整理的课堂笔记，有两层意思。一是《论语》未经孔子本人编撰审订；二是目前的《论语》，是孔门众多弟子在不同时期的各种"课堂笔记"的集合。

先说第一层意思。孔子给弟子讲学，特点是"述而不作"，也就是只说不著。不著书，并不意味着不"立说"。他授课时所讲的一切，以及平时与弟子们的问答，都被弟子们认真仔细地记录了下来，为的就是传之后世。他本来应该有机会将弟子们的记录亲自审订一下，晚年时，他曾删订《诗》《书》，编修《春秋》，为什么不对自己的论述也做一番最后订正呢？孔子最终没有那样做，一定是发生了什么事情，让他无法完成此事——推想起来，这很可能是颜回的早逝。颜回是孔子最心爱的学生，也是对其学说理解最深的弟子,在学说传承上,孔子的希望完全寄托在了颜回身上。可惜,颜回的早逝,改变了一切。他来不及整理好"课堂笔记",让老师过目了。更重要的是,孔门之中,再也无人能像他那样理解老师学说的精微和深刻。这对孔子打击巨大,此时,他已是七十多岁的老人了,悲痛之中,更是难有心力去亲自整理和审订自己的论述了。颜回亡故之时,孔子悲呼:"天丧予!天丧予!"其中的哀伤痛楚,非外人所能体会。

再说第二层意思。现在的《论语》,集合了孔门众多弟子在不同时期的各种"课堂笔记"。由于颜回的早逝,没能留下一部孔子亲自审订的"标准版"《论语》,为了将孔子的思想传承下去,孔门后人就将各个时期的弟子在不同场合记下的孔子之言,合编成了这部《论语》。这"合编"显然缺乏深思,让一部《论语》有些杂乱,其中,有早期弟子的载录,也有后期弟子的记闻,除了孔子之语,还有曾子、有子等人的语录,在"子张篇"中,更是记录了子张、子夏、子游等后辈弟子之言。另有一些文句在不同篇中重复出现,像"巧言令色"句,像"博学于文"句,更是其书未经细心编辑的明证。

《论语》的流传,主要有两个途径:一是师徒口授,一是孔宅壁书。秦始皇焚书之后,《论语》显然在"被焚"之列,濒临灭绝。到了汉代,只有鲁国、齐国靠口传留下两个本子,为《鲁论语》和《齐论语》。后来,汉成帝的"帝师"安昌侯张禹,合二为一,人称《张侯论》。另外,汉景帝时,发生过一件"奇事",就是在孔子故居的"坏壁"里,发现了孔氏后人暗藏的一批先秦典籍,其中,有古文《论语》,后称《古论语》。《古论语》21篇,据说,与鲁、齐的本子相比,篇次不同,而"文异六百四十余字"（桓谭《新论·正经》）。可惜的是，这部《古论语》后世不传，我们今天读到的《论语》，实际上是张禹编订的。各种版本的《论语》，虽然篇章或文字有相异之处，主要内容却基本一致。这说明《论语》的内容，也就是孔门弟子课堂上的记录，的确真实可信。

西汉之后，《论语》已经成为经典，没人再敢妄加编删改动了。无论文字是否通顺，意思是否一贯，大家能做的就是注释，并在"微言"中寻找"大义"。《论语》的内在逻辑和思想深度，完全淹没在了汉代以来浩如烟海的注释中。

解构《论语》

既然《论语》不是孔子亲自编订的，为什么我们今天就不能重编一下呢？2000多年来，没有人敢这么做过，甚至也没有人敢这么想过，但是，为什么不呢？

这里说"重编"，并非指章节整理、字词考订、文句梳理、义理阐释，而是解构——将《论语》的章节全部分拆，重新结构。在这里，要借用一下西方"解构主义"里"解构"（deconstruction）一词。"解构"就是对一个事物进行分解和重构，并在这一过程中，发现其中所蕴涵的新意义。

《论语》需要一次"解构"：一次系统的分拆，然后重构，并在重构中展现文本原有的意义、内涵和逻辑。

我们现在读到的《论语》，如同一团乱麻，头绪很难理清。其实，《论语》不是没有头绪的，一团乱麻中，我们需要先找到线头，而这线头就是"仁"。

孔子学说的核心是"仁","仁"是其思想的逻辑起点。在《论语》中,孔子努力做的一切,就是向弟子解释和阐发"仁"——内在的含义、呈现的形态、外化的形式、求取的途径、实践的方式、实例的说明,以及"天下归仁"的"天命"。

当用"仁"来重新结构《论语》,令人惊奇的是,在不增不删一句一字的情况下,《论语》呈现出全新的面貌。

面目全新的《论语》

重构后的《论语》到底是什么样子呢?

首先,将《论语》分为内编、外编。内编是孔子之语,外编是弟子之言。

在现在的《论语》中,孔子之语和弟子之言是混编在一起的,像开篇第一章"学而篇",一共16条语录,其中就有7条是弟子之言;而"子张篇"里,答问主角更是变成了子张、子夏、子游等后辈弟子。

为了保证孔子言论的准确和纯粹,内编只收入所有"子曰"之语,弟子之言和其他辑录,一律放在外编。

"内编"五篇,为核心篇、路径篇、实践篇、例证篇、哲思篇。

核心篇:从"仁"的定义开始,探讨"仁"是什么?不是什么?有何内涵?怎样才能做到?然后,探讨"仁"在不同社会关系中所呈现出的不同形态——孝、悌、信,以及外化为"礼",成为人们相互间的行为规范。最后,从仁者的种种作为,展示出"仁"所具有的各种特质。

路径篇:指明求"仁"的三种途径:学习、修身和践行。人之仁者，即是君子，指明君子之路，君子应有的言行举止；人之不仁者，就是小人，提出区分君子和小人的标准。

实践篇：从治国和处世两个方面，讨论"仁"的实际应用。先讲仁者如何从政，包括整套的治国方略——以仁为政、以德治国、以信立国、以教兴国，以及直言、正名、选贤等等；再讲仁者如何处世，怎样面对富贵、闻达，怎样做人、交友、识人，以及好德、慎言、闲居，等等。

例证篇：以实例教学的方式，通过评论弟子、谈诗说乐、思辨案例、议论时政、臧否人物、评说历史，来展现"仁"的深层含义，启发弟子们更具体和深入地理解和领悟"仁"的实质。

哲思篇：将"仁"放在"天命"的层次来思考，并讨论了鬼神、生死、时光等哲学命题。"仁"下植于人性，上合于"天道"，而"性与天道"是孔子学说中最高深的部分。

"外编"三篇，为评价篇、记忆篇、阐释篇。

评价篇：同时代人对孔子的评价，以及孔子去世后，弟子们对其崇高形象的捍卫和对其深刻思想的领悟。

记忆篇：弟子们记忆中的孔子，包括音容笑貌、行为举止、衣食住行以及言传身教。

阐释篇：弟子们就孔子提出的一些主要思想，如孝悌、修身、君子、从政、交友等，进行了阐述和发挥。

在原文没有任何增删的情况下，重构后的《论语》呈现出不同以往的全新面貌——论点鲜明、主题贯穿、层次分明、论述清晰，孔子思想的逻辑性和深刻性，第一次从文本中直接呈现。

让《论语》成为人人都能读懂的新经典

重构《论语》的目的,是让《论语》成为一本有逻辑、有深度,让全世界人——不论东方人还是西方人——无需繁琐注释都能读懂和理解的新经典。

实际上,孔子学说的思想脉络是很清楚的:"仁"就是"爱人"——善待他人。在社会中,人与人之间的关系不同,"仁"又呈现出不同的形态,表现为孝、悌、信。"仁"可以外化为"礼",使个人与他人之间的关系符合礼仪规范,但"仁"更多的是源于内心,是人与生俱来的本性。一个人想达到"仁"的境界,途径是学习、修身和践行。能够达到"仁"的人,便是"君子";而没有"仁"的人,就是"小人"。在实践层面,孔子进一步具体阐明,仁者应当如何治国,如何处世,以及如何面对各种人生问题。孔子最后的思考,落在"仁"与"天道"的关系之上。"仁"之行于天下,是人的努力,更是天命。

孔子有关"仁"的学说,在伦理政治层面,论述充分,表现出对人性认识的深刻,但在"仁"与"天道"关系方面的论述,却只留下只言片语,没有完全展开。子贡曾说,"夫子之文章,可得而闻也;夫子之言性与天道,不可得而闻也"(公冶长篇);并一再感叹:"夫子之不可及也,犹天之不可阶而升也。"(子张篇)聪明如子贡者,尚且不懂孔子晚年之思,其他弟子就更不用说了。当年,唯一能理解孔子的弟子,大概只有颜回。他对孔子学说的理解和感受,显然与众不同。他说,夫子之学,"仰之弥高,钻之弥坚,瞻之在前,忽焉在后"(子罕篇)。高深之中,更有玄妙之处。孔子晚年对"仁"的思考,显然不仅仅停留在伦理政治层面,而是上升到了哲学思辨的高度。只因颜回早逝,没能将孔子晚年有关"性与天道"的思想详尽记录下来,更无法将其传承下去,成为《论语》一书的真正遗憾。今天,我们在《论语》中看到的孔子,犹如一座高山,山峦绵延起伏,顶峰却在云雾缭绕中,隐约闪现。

两千五百多年前,在周游列国的途中,孔子师徒路过一个叫"仪"的卫国小城,守城的官员一定要来见孔子。见后,他对孔门弟子们说:"你们为什么要如此沮丧失落呢?天下无道已经很久了,天将以夫子为木铎,号召天下。"这位没有留下姓名的仪城守官,不能不说是一位先知式的人物。在随后的两千多年里,孔子和他的学说,在困顿和落寞之后,又遭受了火焚和禁毁,但终于一点点被理解和接受,直至天下尊崇。

两千五百多年后的今天,我们似乎看到了历史的轮回。孔子又一次回到了困顿、落寞之中,"五四"新文化运动,让他从神坛跌落下来;而"文革"的风暴,让他再次遭受了火焚和禁毁。如今,他又一点点被重新理解和接受,或许将再次成为一种号召天下的精神力量?

孔子说过:"道之将行也与?命也;道之将废也与?命也。"(宪问篇)一种思想的兴起和衰亡,背后是特定时代的人心诉求。无论命运是起是落,人间是誉是毁,孔子的学说,包含着人性中一些最根本的诉求,正是这些诉求,使之得以永恒。

愿《新论语》能让世界上更多的人读懂孔子。

2011.11.20

内编 孔子之语

〖核心篇第一〗

一、仁为核心

仁者,二人也,即人与他人的关系。一部《论语》,以"仁"为核心而展开论述,讲述了"仁"的定义及内涵,以及如何做到"仁"的具体要求。

(一)仁是什么

1.1 樊迟问仁。子曰:"爱人。"（颜渊22）

【注释】 樊迟:姓樊名须,字子迟,鲁国人,孔子前期年轻的弟子。

【译文】 樊迟问仁是什么?孔子回答:"爱人。"

【点评】 这是孔子对"仁"所做的最简洁也最准确的概括。"仁"字由"人"和"二"组成,《说文解字》释"仁":"从人从二。"人与他人之间关系,是仁的本质。"爱人"之"爱",即善待之意。爱人,就是善待他人,并在心中视他人为友。繁体之"愛",有"心"有"友",可以为证。此句本是"颜渊22"一章的首句,此处分列。

1.2 子曰:"参乎!吾道一以贯之。"曾子曰:"唯。"子出,门人问曰:"何谓也?"曾子曰:"夫子之道,忠恕而已矣。"（里仁15）

【注释】 曾参,姓曾名参,字子舆,鲁国人,孔子后期重要的弟子之一。

【译文】 孔子说:"曾参啊,我的学说有一个贯穿始终的思想。"曾参说:"是的。"孔子走后,其他弟子问曾参:"说的是什么意思?"曾参回答:"夫子之道,就是忠和恕而已。"

【点评】 这是孔子对"仁"的进一步解释。孔子思想的核心,是仁,其内涵是"忠"和"恕"。下面的对话,对忠、恕有着更深入的阐释。

1.3 子曰:"爱之,能勿劳乎?忠焉,能勿诲乎?"（宪问7）

【注释】 诲:劝导。

【译文】 孔子说:"爱一个人,能不为他操心吗?忠于一个人,能不对他直言劝导吗?"

【点评】 仁之有"爱",爱是关怀、操心;爱之有"忠",忠是诚心实意,能讲真话。忠,总与"言"相关,另如,"言思忠"（季氏10）。

1.4 子贡问曰:"有一言而可以终身行之者乎?"子曰:"其恕乎!己所不欲,勿施于人。"（卫灵公24）

【注释】 子贡,姓端木名赐,字子贡,卫国人,孔子前期最重要的弟子之一,有从政经商之才。

【译文】 子贡问:"有没有一句话可以终身奉行的呢?"孔子回答:"那就是恕吧!自己不想要的,不要强加给别人。"

【点评】 "己所不欲,勿施于人"是孔子对"恕"的最好解释。一般而言,"忠"主要是对自己的要求,而"恕"更多的是对他人的态度。

(二) 仁不是什么

1.5　子曰:"巧言令色,鲜矣仁!" （学而3）

【注释】 鲜:少。

【译文】 孔子说:"讨好的言辞,装出的喜悦,哪里会有仁啊!"

【点评】 巧言令色,不是出自内心的真情实感,自然不是"仁"。

1.6　子曰:"巧言令色,鲜矣仁!" （阳货17）

【点评】 此句两见于《论语》,说明孔子可能在不同场合多次说过这句话。

1.7　"克、伐、怨、欲,不行焉,可以为仁矣?"子曰:"可以为难矣,仁则吾不知也。" （宪问1）

【注释】 克:胜过。伐:自夸。

【译文】 "好胜、自夸、怨恨、贪欲都没有的话,可以算是仁了吧?"孔子说:"可以说很难得了,至于是不是仁,我就不知道了。"

【点评】 这是弟子原宪问的问题。"克、伐、怨、欲",都是人性中的缺点,克服了这些缺点,孔子不认为就达到了"仁"。

仁，不仅要抑心中之恶，还更需扬人性之善。此章原文前面，原还有问"耻"之句，另列。

（三）如何做到仁

1.8 子曰："仁远乎哉？我欲仁，斯仁至矣。"（述而30）

【译文】 孔子说："仁离得很远吗？我想要仁，仁就来了。"

【点评】 仁，源自内心，深植于人类本性之中，是我们的本能需求之一。仁的实现，是自我的实现，如同个人的修行，凭借内在的精神力量就可以完成。下一章"为仁由己"之句，包含着相同的意思。

1.9 颜渊问仁。子曰："克己复礼为仁。一日克己复礼，天下归仁焉。为仁由己，而由人乎哉？"颜渊曰："请问其目？"子曰："非礼勿视，非礼勿听，非礼勿言，非礼勿动。"颜渊曰："回虽不敏，请事斯语矣！"（颜渊1）

【注释】 颜渊：姓颜名回，字渊，鲁国人，孔子前期最重要的弟子之一，对孔子思想理解最深，也最得孔子喜爱，不幸早逝。

【译文】 颜渊问仁。孔子说："克制自己，言行符合礼的要求，这就是仁。一旦做到了，天下就归于仁了。仁的实行，完全在于自己，难道取决于别人吗？"颜渊说："请问达到仁的具体要求有哪些？"孔子说："不合于礼的不要看，不合于礼的不要听，不合于礼的不要说，不合于礼的不要做。"颜渊说："我虽然迟钝，一定会按照您的这些话去做！"

【点评】 此章中，孔子提出"克己"是达到"仁"的基本要求，也是"天下归仁"的根本途径。仁，源自内心，而"克己"，就是克制我们内心中无限膨胀的欲望。同时，孔子又将"仁"与"礼"联系起来，使仁有了具体的外在形式。

1.10 仲弓问仁。子曰："出门如见大宾，使民如承大祭。己所不欲，勿施于人。在邦无怨，在家无怨。"仲弓曰："雍虽不敏，请事斯语矣！"（颜渊2）

【注释】 仲弓，姓冉名雍，字仲弓，鲁国人，孔子前期较年轻的弟子。

【译文】 仲弓问仁。孔子说："出门如同去见贵宾，让人办事如同承办大祭。自己不想要的，不要强加于别人。在朝上，没有什么怨恨；在家里，没有什么怨恨。"仲弓说："我虽然愚笨，一定会按照您的话去做！"

【点评】 这一章说的是"仁"之内涵——"忠"和"恕"。待人做事，要像对待贵客一样恭敬，像承办大事一样谨慎，这就是"忠"。"己所不欲，勿施于人"和"无怨"之句，讲的是"恕"。做到了"忠"和"恕"，也就达到了仁。

1.11 樊迟问仁。子曰："居处恭，执事敬，与人忠，虽之夷狄，不可弃也。"（子路19）

【注释】 之：到。夷狄：外族，蛮地。

【译文】 樊迟问仁。孔子说："在家恭谨，办事敬业，待人忠诚,即使到了外夷荒蛮之地,也不改变。"

【点评】 樊迟看样子是一个爱提问的弟子,关于"仁"就问过多次。孔子这里的回答,说的是"忠",并强调"仁"具有一种跨越国界的"普世价值"。

1.12 子贡问为仁。子曰:"工欲善其事,必先利其器。居是邦也,事其大夫之贤者,友其士之仁者。"(卫灵公10)

【译文】 子贡问怎样实行仁。孔子说:"工匠想把活儿做得漂亮,就要先把工具磨得锋利。居住在一个国家,要与大夫中的贤者共事,与士人中的仁者交友。"

【点评】 孔子的意思是,如想实行"仁",自己先要做到"仁"。仁者为仁,先从自我完善做起。

1.13 子张问仁于孔子。孔子曰:"能行五者于天下,为仁矣。"请问之。曰:"恭、宽、信、敏、惠。恭则不侮,宽则得众,信则人任焉,敏则有功,惠则足以使人。"(阳货6)

【注释】 子张:姓颛孙名师,字子张,陈国人,孔子后期重要弟子之一。

【译文】 子张向孔子问仁。孔子说:"能以五种品德而行于天下,就是仁了。"子张请孔子解释,孔子说:"恭敬、宽厚、诚信、勤敏、慈惠。恭敬就不致招来侮辱,宽厚就会得到众人拥护,诚信能够得到别人任用,勤敏就会事半功倍,慈惠才能使人服从。"

【点评】 孔子将"仁"的解释具体化。"恭、宽、信、敏、惠"五者中,恭和信是忠,宽和惠是恕。此处的"敏"和下一章中的"讷",又是对君子的要求。

1.14 子曰:"刚、毅、木、讷,近仁。"(子路27)

【注释】 讷:不善言辞。

【译文】孔子说:"刚强、坚毅、质朴、不夸夸其谈,就接近于仁了。"

【点评】 这些都是"仁"所表现出的品质,其中,孔子对"讷"的强调,反衬出孔子对"巧言令色"的反感。

(四)仁者之仁

1.15 子曰:"唯仁者,能好人,能恶人。"(里仁3)

【注释】 好(hào):动词,喜爱。恶(wù):动词,憎恶。

【译文】 孔子说:"只有仁者,才能爱人,也能恨人。"

【点评】 仁者爱憎分明,不仅能"爱人",还能"恨人"。恨什么人呢?当然是"不仁"之人。

1.16 子曰:"苟志于仁矣,无恶也。"(里仁4)

【注释】 苟:如果。

【译文】 孔子说:"如果有志于仁,就不会做坏事了。"

【点评】 人性有善有恶,亦可善可恶。仁者所为,就是扬善抑恶。

1.17　子曰："知者不惑，仁者不忧，勇者不惧。"（子罕29）

【注释】　知（zhì）：同智。

【译文】　孔子说："有智慧的人不会迷惑，有仁德的人不会忧愁，有勇气的人不会畏惧。"

【点评】　仁者何以无忧？因为"仁"是一种令人充实而又愉悦的境界。

1.18　子曰："有德者，必有言；有言者，不必有德。仁者，必有勇；勇者，不必有仁。"（宪问4）

【译文】　孔子说："有德之人，一定有言；有言之人，不一定有德。仁者，一定有勇；勇者，不一定有仁。"

【点评】　德之于言，如仁之于勇，前者包含后者，而后者未必包含前者。德高于言，而仁高于勇。

1.19　子曰："志士仁人，无求生以害仁，有杀身以成仁。"（卫灵公9）

【译文】　孔子说："志士仁人，不会因求生而损害仁，只会牺牲性命来成全仁。"

【点评】　仁者视"仁"高于自己的生命。

1.20　（樊迟）问仁。曰："仁者，先难而后获，可谓仁矣。"（雍也22）

【译文】　樊迟问仁。孔子说："仁者，在困难面前，要冲在前头；获得好处时，要躲在后面。这样就可以说是仁了。"

【点评】 仁之"忠"和"恕"，可以具体表现为先人后己，就像今天我们常说的那样：好事让给别人，困难留给自己。此章原文前面原有樊迟问智之句，另列。

1.21 司马牛问仁。子曰："仁者，其言也讱。"曰："斯言也讱，其谓之仁矣乎？"子曰："为之难，言之得无讱乎？"（颜渊3）

【注释】 司马牛：姓司马名耕，字子牛，宋国人，孔子前期较年轻的弟子。讱（rèn）：说话迟缓。这里引申为说话谨慎。

【译文】 司马牛问仁。孔子说："仁者，不随随便便说话。"司马牛说："不随随便便说话，就是仁了吗？"孔子说："做起来很困难，说起话来能不慎重吗？"

【点评】 孔子对夸夸其谈之人显然很不喜欢。"慎言"总是被强调为仁者的特质之一。

1.22 子曰："不仁者不可以久处约，不可以长处乐。仁者安仁，知者利仁。"（里仁2）

【注释】 约：穷困。

【译文】 孔子说："没有仁德的人不能长久地处在穷困中，也不能长久地处在安乐里。仁者安于仁，智者从仁中受益。"

【点评】 仁者之所以能安于贫困，又不耽于安乐，是因为"仁"本身能令人心智愉悦。

1.23 子贡曰:"如有博施于民而能济众,何如?可谓仁乎?"子曰:"何事于仁,必也圣乎!尧舜其犹病诸!夫仁者,己欲立而立人,己欲达而达人。能近取譬,可谓仁之方也已。"(雍也30)

【注释】 博施:广泛实施。济众:帮助众人。病诸:病,担忧。诸,"之于"的合音。能近取譬:就是能设身处地之意。

【译文】 子贡说:"如果有一个人,能广施恩惠于百姓,又能济助大众,怎么样?可以算是仁者了吗?"孔子说:"岂止是仁者,一定是圣人了!尧、舜都会担心自己能否做到呢!仁者,就是自己想站起来,也会帮助别人一起站起来;自己想成功,也会帮助别人一起成功。凡事能设身处地去理解他人,可以说就是到达仁的方法了。"

【点评】 此章谈到了"仁"与"圣"的关系和区别。"仁"是个人通过学习而能达到的一种境界,而"圣"是能将"仁"普及于民众并能推行于社会的成功实践。孔子晚年感叹自己一生时,说:"若圣与仁,则吾岂敢?"(述而篇)不敢自称"仁",是他谦虚了,但说自己没有达到"圣",可能是实话。

二、仁之形态

不同的社会关系中,"仁"呈现出不同形态:与父母之间为"孝",与兄弟之间为"悌",与他人之间为"信"。其中,孝为基本,因为子女与父母的关系是一个人出生时获得的最基本的社会关系。

(一)仁自孝始

(孝为基本)

1.24 宰我问:"三年之丧,期已久矣!君子三年不为礼,礼必坏;三年不为乐,乐必崩。旧谷既没,新谷既升,钻燧改火,期可已矣。"
子曰:"食夫稻,衣夫锦,于女安乎?"曰:"安。"
"女安则为之!夫君子之居丧,食旨不甘,闻乐不乐,居处不安,故不为也。今女安,则为之!"
宰我出。子曰:"予之不仁也!子生三年,然后免于父母之怀。夫三年之丧,天下之通丧也。予也有三年之爱于其父母乎?"(阳货21)

【注释】 宰我:姓宰名予,字子我,鲁国人,孔子前期弟子,具有异端思想,常爱挑战老师的学说。钻燧改火:钻木取火,每季用木不同,称为改火。期可已矣:期(jī):一年。女:同汝,你。

【译文】 宰我问:"丧期三年,时间太久了啊!君子三年不修习礼仪,礼仪必然败坏;三年不演练音乐,音乐一定荒废。陈粮吃完,新谷登场,钻木取火也换了新木,一年的时间就可以了。"孔子说:"就这样吃起新大米,穿起锦缎衣,你心安吗?"宰我回答:"心安。"孔子说:"你心安,就这样去做吧!君子守丧,食美食而不觉其美味,听音乐不觉其愉悦,闲居家中而不觉安适,所以,不会像你那样去做。如今你觉得心安,就去做吧!"宰我出去后,孔子说:"宰予真是不仁啊!小孩子生下来,要到三岁时才能离开父母的怀抱。守丧三年,这是天下通例啊。宰予难道没有从他父母怀抱中得到三年之爱吗?"

【点评】 "孝"是人类最基本的感情之一,实质上,是一个人对父母之爱的回报。仁之"爱人",自父母与子女之间的亲情始。

1.25 孟懿子问孝。子曰:"无违。"樊迟御,子告之曰:"孟孙问孝于我,我对曰'无违'。"樊迟曰:"何谓也?"子曰:"生,事之以礼;死,葬之以礼,祭之以礼。" (为政5)

【注释】 孟懿子:姓仲孙名何忌,"懿"是其谥号,鲁国贵族。孟孙氏,孔子的前期弟子,其父临终前要他向孔子学礼。无违:不要违背。御:驾驭马车。

【译文】 孟懿子问什么是孝,孔子说:"孝就是不要违礼。"樊迟为孔子驾车时,孔子告诉他:"孟孙问我什么是孝,我告诉他说'不要违礼。'"樊迟说:"这是什么意思呢?"孔子说:"父母生前,要以礼侍奉他们;父母逝后,要以礼安葬他们,以礼祭祀他们。"

【点评】 孔子将"孝"解释为"无违",强调一切要遵循礼的要求,这里实际包含着一个"敬"字。

(父母生前)

1.26 子游问孝。子曰:"今之孝者,是谓能养。至于犬马,皆能有养,不敬,何以别乎?" (为政7)

【注释】 子游:姓言名偃,字子游,吴国人,孔子后期重要弟子之一。

【译文】 子游问什么是孝,孔子说:"如今所谓的孝,只不过在说赡养父母。犬马都能得到饲养,如果心中不存敬爱之情,赡养父母与饲养犬马又有什么分别呢?"

【点评】 孝,基于"仁";作为"爱人"的一种,以"敬爱"形容孝较为准确。

1.27 子夏问孝。子曰:"色难。有事,弟子服其劳;有酒食,先生馔,曾是以为孝乎?" (为政8)

【注释】 子夏:姓卜名商,字子夏,晋国人,孔子后期重要弟子之一。色难:色,脸色;难,不容易。先生:长辈或父母。馔(zhuàn):饮食、吃喝。

【译文】 子夏问孝,孔子说:"保持对父母和颜悦色不容易。

有了事情，晚辈去帮忙；有了酒饭，让长辈先吃，难道这样就可以算孝了吗？"

【点评】 只有赡养照顾，没有敬与爱，不是真正的孝。

1.28 子曰："事父母几谏。见志不从，又敬不违，劳而不怨。"（里仁18）

【注释】 几谏：委婉地规劝。

【译文】 孔子说："侍奉父母，如同进谏似的，要委婉地规劝，父母不愿听从时，仍要恭敬，不去违抗，只操心而不怨恨。"

【点评】 孝，原则上讲起来容易，实际中做起来难。此章如同"子女如何规劝父母"之类的实用指南，讲遇到具体问题该怎么办，属于生活智慧。

1.29 孟武伯问孝。子曰："父母唯其疾之忧。"（为政6）

【注释】 孟武伯：姓仲孙，名彘，"武"是其谥号，孟懿子之子。

【译文】 孟武伯问孝。孔子说："就是为父母的疾病而担忧。"

【点评】 孝就是关心父母，而最重要的，就是关心他们的健康。传统注释里，有将此句解释为孝子不该让父母为子女的疾病而担忧，似不妥。

1.30 子曰："父母之年，不可不知也。一则以喜，一则以惧。"（里仁21）

【译文】 孔子说："父母的年纪，不能不知道。一方面为他们长寿而高兴，一方面又为他们衰老而恐惧。"

1.31 子曰:"父母在,不远游,游必有方。"(里仁19)

【译文】 孔子说:"父母在世,不要离家远游;如果一定出游,也必须有一个具体的去向。"

【点评】 不让父母担心,是精神上的关怀,也是孝。

(父母逝后)

1.32 子曰:"父在,观其志;父没,观其行。三年无改于父之道,可谓孝矣。"(学而11)

【译文】 孔子说:"其父在世时,要观察儿子的志向,其父死后,要考察儿子的行为。若三年不偏离其父的正道,就可以说是孝了。"

【点评】 子承父志,也是一种孝。孔子这里所说的,很可能是针对公卿贵族之家,以"孝"来判断其继位的儿子是否贤明。

1.33 子曰:"三年无改于父之道,可谓孝矣。"(里仁20)

【译文】 孔子说:"父亲死后,若三年不偏离其父的正道,就可以说是孝了。"

【点评】 此句两见于《论语》。

(二)悌即亲情

1.34 子曰:"弟子入则孝,出则悌,谨而信,泛爱众,

而亲仁。行有余力,则以学文。"（学而6）

【注释】 悌：顺从兄长。

【译文】 孔子说："弟子们在家孝顺父母,出外顺从兄长,言语谨慎,为人诚信,博爱众人,这样就接近仁了。如果行有余力的话,可以再学一点文化知识。"

【点评】 孝,对父母之爱；悌,是兄弟之情。进而推之,就是"四海之内皆兄弟也"（颜渊5）。由孝到悌,再到博爱众人,就是"仁"之途径。

（三）信是准则

1.35 子曰："人而无信,不知其可也！大车无輗,小车无軏,其何以行之哉？"（为政22）

【注释】 輗（ní）：古代大车车辕横木上的接口插销。軏（yuè）：古代小车车辕横木上的接口插销。没有輗和軏,车子就无法走动。

【译文】 孔子说："一个人没有诚信,不知道怎么可以呢！就像大车没輗、小车没軏一样,这样的车子怎么能行走呢？"

【点评】 进入社会后,在人与他人的关系中,"仁"所呈现的特质就是"信"了。"泛爱众"之爱,就是对他人诚信。信,就是待人的准则。

三、外化为礼

"仁"外化为"礼",是治国的基本原则,也是君臣间的"契约",体现在各种仪式典礼之中,并形成社会中人与人不同关系的行为规范。

(一)礼基于仁

1.36 子曰:"人而不仁,如礼何?人而不仁,如乐何?"(八佾3)

【译文】孔子说:"做人没有仁德,怎样谈得到礼呢?做人没有仁德,怎样谈得到乐呢?"

【点评】仁是礼乐的基础。仁是核心,礼乐是外在形式。如果没有仁,礼乐也就失去了内在意义。

(二)治国之本

1.37 子曰:"能以礼让为国乎?何有?不能以礼让为国,如礼何?"(里仁13)

【译文】孔子说:"能够用礼让原则来治理国家吗?这有什么困难呢?不用礼让原则来治国,又怎么谈得到施行礼呢?"

【点评】 以礼治国，就是以仁治国。

1.38 子曰："恭而无礼则劳，慎而无礼则葸，勇而无礼则乱，直而无礼则绞。君子笃于亲，则民兴于仁。故旧不遗，则民不偷。"（泰伯2）

【注释】 葸（xǐ）：拘谨，畏惧。绞：说语尖刻。笃：一心一意，专注。偷：淡薄。

【译文】 孔子说："只是恭敬而缺乏礼的指引，就会辛劳烦倦；只是谨慎而缺乏礼的指引，就会拘谨畏缩；只是勇猛而缺乏礼的指引，就会引起混乱和纷争；性情刚直而缺乏礼的约束，就会言语尖刻。君子专注于亲情，百姓就会兴起仁爱之风。故旧不被遗弃，百姓就不会冷漠无情。"

【点评】 仅有向仁之心，而无"礼"之约束，国家是难以治理好的；反之，治国以礼，其仁自兴。此处"故旧"，很可能指的是殷商旧族，即"兴灭国，继绝世，举逸民"（尧曰1）之意。

1.39 子曰："上好礼，则民易使也。"（宪问41）

【译文】 孔子说："上面的人喜好礼，那么下面的百姓也就容易统治了。"

【点评】 治国以礼，一方面是对主政者的要求；另一方面是为了让百姓更加容易管理。

1.40 子贡欲去告朔之饩羊。子曰："赐也！尔爱其羊，我爱其礼。"（八佾17）

【注释】 去：去掉，取消。告朔：朔，农历每月初一为朔日。告朔就是天子每年秋冬之际，颁发新历书。饩（xì）羊：祭祀用的活羊。赐：子贡的名字。

【译文】 子贡提出要去掉朔日祖庙祭祀用的活羊。孔子说："赐啊！你心疼那只羊，我却爱惜那种礼。"

【点评】 孔子和子贡在这里讨论的当然不是一只羊的死活或一个具体祭祀仪式的存废，而是礼仪对一个国家所具有的重要意义。

（三）君臣之道

1.41 定公问："君使臣，臣事君，如之何？"孔子对曰："君使臣以礼，臣事君以忠。"（八佾19）

【注释】 定公：鲁国国君，姓姬名宋，"定"是其谥号。他在位时，曾任命孔子为大司寇，兼领相事执政。

【译文】 鲁定公问孔子："君主使用臣下，臣下侍奉君主，双方该怎样相处呢？"孔子回答说："君主应按礼去使用臣下，臣下应以忠心来侍奉君主。"

【点评】 在君主制政体中，君臣关系是治理国家时首先会遇到的问题。礼是对双方的一种约束，实质上，也是一种"契约"。

1.42 子曰："事君尽礼，人以为谄也。"（八佾18）

【译文】 孔子说："我完全按照礼的要求去侍奉君主，别人却以为这是谄媚呢。"

【点评】 谄与非谄，礼是检验标准。

（四）礼之本质

1.43 林放问礼之本。子曰："大哉问！礼，与其奢也，宁俭；丧，与其易也，宁戚。"（八佾4）

【注释】 林放：姓林名放，字子丘，鲁国人，据传为孔子弟子。易：周到。戚：心里悲哀。

【译文】 林放问什么是礼的本质。孔子说："这个问题意义重大啊！就礼仪而言，与其奢侈，不如节俭；就丧事而言，与其周全完备，不如心中真的悲哀。"

【点评】 这一章说明的是，礼毕竟只是一种外在形式，其内在本质是仁——爱人。外在的奢靡和礼数的周全，并非礼之根本，内心中的真实情感更为重要。

1.44 子曰："奢则不孙，俭则固。与其不孙也，宁固。"（述而36）

【注释】 孙：同逊。固：简陋。

【译文】 孔子说："奢侈了就会不恭，节俭了就会简陋。与其不恭，宁可简陋。"

【点评】 此章可以说是上一章的继续阐释。礼所注重的，是一个人内心的态度，而不是外在的形式。

1.45 子曰："麻冕，礼也。今也纯，俭，吾从众。拜下，礼也。今拜乎上，泰也。虽违众，吾从下。"（子罕3）

【注释】 麻冕：用麻制成的帽子。纯：丝绸。拜下：在堂下跪拜。泰：轻慢。

【译文】 孔子说："用麻布制成的礼帽，是合乎礼的，现在都改用丝绸来做，制作也比过去简便了许多，我随大家。面见国君，臣下先在堂下跪拜，是符合于礼的。现在大家都到堂上跪拜，显得有点轻慢。我不随大家，还是先在堂下跪拜。"

【点评】 孔子明白具体礼仪制度会随着时代发展而变化，但从他的取舍中，可以看出他对礼注重的是什么。

（五）礼之承继

1.46　子曰："周监于二代，郁郁乎文哉！吾从周。" （八佾14）

【注释】 监（jiàn）：同鉴，借鉴。二代：这里指夏、商二代。

【译文】 孔子说："周朝的礼乐制度借鉴了夏、商二代，文采多么丰盈啊！我愿遵循周朝的礼制。"

【点评】 周朝是孔子心中向往的理想社会。周朝之所以完美，在孔子看来，就在于它的丰富多彩的礼乐制度，将"仁"的理念充分地展现。

1.47　子张问："十世可知也？"子曰："殷因于夏礼，所损益，可知也；周因于殷礼，所损益，可知也。其或继周者，虽百世，可知也。" （为政23）

【注释】 世：一代，古时将三十年视为一世。因：囚袭。损益：增减。

【译文】 子张问:"今后的十代可以预先知道吗?"孔子回答说:"商朝继承了夏朝的礼仪制度,有所增减,可以推断而知;周朝继承商朝的礼仪制度,有所增减,可以推断而知。将来继承周朝的,就是百代之后的情况,也应该可以推断而知的。"

【点评】 孔子明白礼仪制度可能会与时俱进,但他显然并不认为人类社会能有根本性的变革。

1.48 子曰:"夏礼,吾能言之,杞不足征也;殷礼,吾能言之,宋不足征也。文献不足故也。足,则吾能征之矣。"(八佾9)

【注释】 杞:春秋古国,为夏禹的后代。 宋:春秋国名,为商汤的后代。 征:证明。

【译文】 孔子说:"夏朝的礼制,我能说出来,但其后代的杞国已没有足够的史料来证明了;商朝的礼制,我能说出来,但其后代的宋国也没有足够的史料来证明了。这都因文献不足之故。如果文献足够的话,我就能证明我所说的了。"

【点评】 对自己在历代礼仪制度方面的知识,孔子表现出了充分的自信。实际上,这正是儒家的看家本领之一。重要的是,孔子对"礼"的内涵有着超出世人的深刻认识。

1.49 子入太庙,每事问。或曰:"孰谓鄹人之子知礼乎?入太庙,每事问。"子闻之,曰:"是礼也。"
(八佾15)

【注释】 太庙:君主的祖庙。 鄹(zōu):鲁国地名,在山东曲阜附近，是孔子出生之地，故被称为"鄹人之子"。

【译文】 孔子进了太庙，每件事都要问。有人说："谁说这个鄹人之子知礼呀？他进了太庙，什么事都要问别人。"孔子听到此话后说："这就是知礼呀！"

【点评】 孔子对礼的热爱几乎到了狂热的地步，并有一种穷追细节的专业主义精神。

1.50 **入太庙，每事问。** （乡党21）

【译文】 孔子进了太庙，每件事都要问。

【点评】 此章与上章首句相同，为重记的又一例。

〖路径篇第二〗

一、求仁之途

个人求仁之途有三：学习、修身和践行。学习，是获取知识；修身，是培养品德；践行，是在生活实践中体验感悟。三条途径，只有一个目的，为的是达到"仁"的境界。

（一）学习

〔学习之目的〕

2.1　子曰："朝闻道，夕死可矣。"（里仁8）

【译文】　孔子说："清晨听到了'道'，晚上死去也心甘情愿呀。"
【点评】　学习知识，是为了感悟知识背后的"道"。天有天道，人有人道。人道，即是"仁"。学习的最终目的，是领悟"仁"。

2.2　子曰："吾十有五而志于学，三十而立，四十而不惑，五十而知天命，六十而耳顺，七十而从心所欲不逾矩。"（为政4）

【注释】 耳顺：有多种解释，通常解释为对不顺耳的话，也能听进去了。矩：规矩。

【译文】 孔子说："我十五岁立志于学习，三十岁有了自己的观点，四十岁能够不再被迷惑，五十岁懂得了天命，六十岁能够听进去各种好听或不好听的言论，七十岁到达随心所欲而不越出规矩的境界。"

【点评】 这里孔子讲了自己——也是每一个人——一生学习所经历的不同阶段。学习，学的是知识，本身却是一个"悟道"的过程。"悟道"之后呢？就是"从心所欲不逾矩"的境界。

2.3 子曰："加我数年，五十以学《易》，可以无大过矣。"（述而17）

【注释】 加：通"假"字，借予之意。易：指《易经》。

【译文】 孔子说："假如再给我几年时间，五十岁时开始研习《周易》，便可以没有大的过错了。"

【点评】 学《易》是为了知天命，也是为了让自己"无大过"。

（学习之乐趣）

2.4 子曰："学而时习之，不亦说乎？有朋自远方来，不亦乐乎？人不知而不愠，不亦君子乎？"（学而1）

【注释】 时习：有两种解释，一是"有了适当的时机就去实践"，一是"时常温习一下"；这里取前者。习，就是践行之意。

孔子另外说过"温故而知新",用"温"不用"习",可以反证。说(yuè):同悦,愉悦,快乐。愠(yùn):恼怒,怨恨。

【译文】 孔子说:"学了又有机会实践,不是很快乐吗?有朋友从远方来,不是很高兴吗?别人不了解,我也不恼怒,不就是一个君子吗?"

【点评】 本章是《论语》开篇第一章,讲的是学习之乐,也是君子之乐。无论处在何种境况,君子都有自己的快乐。学习时,自有学习的快乐;交游时,会有朋友带来的快乐;处世时,即使无人理睬,君子的快乐也是无人能夺走的。

2.5 子曰:"知之者不如好之者,好之者不如乐之者。"（雍也 20）

【译文】 孔子说:"懂得一个事物的人,不如喜好它的人;喜好它的人,又不如以它为乐的人。"

【点评】 学习应是一件快乐之事。在每个领域里,学得最好的人,一定是能从中获得最多乐趣的人。

（学习之必要）

2.6 孔子曰:"生而知之者,上也;学而知之者,次也;困而学之,又其次也;困而不学,民斯为下矣!"（季氏 9）

【译文】 孔子说:"生来就知道的人,是上等;学后才知道的人,次一等;困惑了才去学的人,又次一等;困惑了还不学的人,像多数百姓一样,就是下等的了!"

【点评】 孔子认为人的智力是不同的,而学习是提高一个人智力的唯一途径。"生而知之者",属于天才之类,毕竟极少,而大部分人的差别,就在学与不学之间。

2.7　子曰:"我非生而知之者,好古,敏以求之者也。"（述而20）

【译文】 孔子说:"我不是生来就知道一切的人,只是喜好古代,用心寻求知识的人。"

【点评】 不像一些先知喜欢宣称受到什么"神启",孔子从没有将自己形容为"生而知之者",而是定位于"好学者"。他反复说过这一点。

2.8　子曰:"十室之邑,必有忠信如丘者焉,不如丘之好学也。"（公冶长28）

【译文】 孔子说:"十户人家的小村子里,一定有像我这样讲忠信的人,只是不如我那样好学罢了。"

【点评】 此章像是上一章的延续。孔子认为自己除了"好学"之外,并没有什么其他过人之处。

2.9　子曰:"吾尝终日不食,终夜不寝,以思,无益,不如学也。"（卫灵公31）

【译文】 孔子说:"我曾整天不吃饭,彻夜不睡觉,苦思冥想,却毫无益处,不如花些时间去学习。"

【点评】 大多数人不能"生而知之",只能"学而知之",所以,有时间胡思乱想,不如老老实实去学习。

2.10 子曰:"盖有不知而作之者,我无是也。多闻,择其善者而从之。多见而识之。知之次也。" (述而28)

【译文】 孔子说:"世上大概会有这样一种人,什么都不懂却能生造出许多,我不是这样的人。多听,选择其中好的而效法;多看,记在心里而增加见识。这是次等的智慧。"

【点评】 孔子认为自己是"学而知之",而学习中,多闻多见是关键。

(学习之方法)

2.11 子曰:"由!诲女知之乎?知之为知之,不知为不知,是知也。" (为政17)

【注释】 由:即子路,姓仲名由,字子路,又字季路,鲁国人,孔子前期最重要的弟子之一,以忠诚勇武著称。女:同汝,你。

【译文】 孔子说:"仲由啊!教教你什么是'知',好吗?知道就是知道,不知道就是不知道,这就是'知'啊。"

【点评】 学习之后,知道了自己知道什么,同时,也知道了自己不知道什么,才算是真的明白了。这一章通常解释为一个人对待学习所应有的诚实态度,未必全面。学习就是为了看清"知"与"未知"之间的分野,这才是真正的智慧。对一个人来说,是如此;对人类而言,也是如此。

2.12 子曰:"温故而知新,可以为师矣。"（为政11）

【译文】 孔子说:"温习旧的知识,会有新的发现。这样就可以自学为师了。"

【点评】 这里讲的是学习之法。其实,学习知识如此,研究历史也是如此。

2.13 子曰:"学而不思则罔,思而不学则殆。"（为政15）

【注释】 罔(wǎng):茫然,迷惑。殆(dài):疑惑。

【译文】 孔子说:"学习时不思考,就会茫然糊涂;只思考而不学习,则会充满疑惑。"

【点评】 学与思的关系。"学"是为了领悟"仁","不思",自然是学而不通;"不学",一定是胡思乱想。

2.14 子曰:"不愤不启,不悱不发。举一隅不以三隅反,则不复也。"（述而8）

【注释】 愤:苦思而未得。悱(fěi):欲言而未能。隅(yǔ):角落。

【译文】 孔子说:"不到苦思而不得的时候,不去开导;不到欲言而未能的时候,不去启发。不能举一而反三的人,就不用再教他了。"

【点评】 此章讲的是教学之法。孔子虽然说自己"有教无类",对太笨的学生似乎也无法忍受。

2.15 子曰:"吾有知乎哉? 无知也。有鄙夫问于我,空空如也,我叩其两端而竭焉。"（子罕8）

【注释】 鄙夫：乡野之人。叩：叩问。竭：穷尽。

【译文】 孔子说："我有知识吗？没有知识啊！有乡野之人向我请教，我对问题本来一无所知，但从问题的两端去追问，很快就弄清楚了。"

【点评】 "叩其两端"是孔子的学习方法，亦是其学说的方法论。对一个概念或事物，只有从两个方面去探寻，才能真正理解。孔子论"忠"和"恕"，说"君子"与"小人"，都是如此。

2.16　子曰："学如不及，犹恐失之。"　（泰伯17）

【译文】 孔子说："学习起来，就怕赶不上，又担心丢掉什么。"

【点评】 这里讲的是学习时应有的态度和心境。

2.17　子曰："吾犹及史之阙文也。有马者，借人乘之，今亡矣夫！"　（卫灵公26）

【注释】 阙文：缺失的文字；另一解释，说史官记史，有疑问之处缺而不记，称为阙文。此处取前一种解释。

【译文】 孔子说："我还能看到史书里那些缺失的文字。就像有马之人，把马借给他人骑走了，那些文字本来是有的，如今消失了！"

【点评】 此章文意，众说纷纭，历来难以贯通。这里的新释，或可聊备一说。

（学习之时弊）

2.18　子曰："攻乎异端，斯害也已。"　（为政16）

【注释】 攻：攻击。斯：这。也已：也就停止了。

【译文】 孔子说："攻击那些异端邪说，使之不能为害。"

【点评】 此章历来释读不一。"攻"，多解作"攻击"，也有释为"治学"。这里取前者。从历史上来看，孔子坚信绝对真理，不可能主张"多元化"，因此，在他看来，攻击异端是一件再正确不过的事情了。

2.19 子曰："古之学者为己；今之学者为人。"（宪问 24）

【译文】 孔子说："古代的人学习是为了自身修养；现在的人学习是为了在人前装模作样。"

【点评】 学习为的是提高自我，而不是装饰自身。学习之异化，看来自古就有了。

2.20 子曰："由也，女闻六言六蔽矣乎？" 对曰："未也。""居，吾语女：好仁不好学，其蔽也愚；好知不好学，其蔽也荡；好信不好学，其蔽也贼；好直不好学，其蔽也绞；好勇不好学，其蔽也乱；好刚不好学，其蔽也狂。"（阳货 8）

【注释】 由：子路的名字。女：汝，你。居：坐。绞：说话尖刻。

【译文】 孔子说："子路啊，你听说过'六言'和'六弊'吗？"子路回答说："没有。"孔子说："坐下，我来给你讲讲。喜好仁德而不爱学习，其弊病就是变得愚蠢；喜好智慧而不爱学习，其弊病就是张狂放荡；喜好诚信而不爱学习，其弊病就是遇事犯浑；喜好直率而不爱学习，其弊病就是出口伤人；喜好勇敢而不爱学习，其弊病就是四处惹祸；喜好刚强而不爱学习，其弊病就是自大妄为。"

【点评】 学习，是通向"仁"的必经之途。尽管有"求仁"之心，一个人若不肯学习的话，也会有一身的毛病。

（二）修身

（修身以求仁）

2.21 子曰："我未见好仁者，恶不仁者。好仁者，无以尚之；恶不仁者，其为仁矣，不使不仁者加乎其身。有能一日用其力于仁矣乎？我未见力不足者。盖有之矣，我未见也。" （里仁6）

【译文】 孔子说："我没见过喜好仁德之人，也没见过厌恶不仁之人。有喜好仁德的人，自然是再好不过了；有厌恶不仁的人，自身有仁德，能让不仁之人无法影响自己。总能有一天可以致力于仁德吧？连这点力量都没有的人，我还真没见过。这种人可能会有，但我没见过。"

【点评】 仁，虽源自内心，却非自然生成，需要培植养护。这就是修身之义。

（见贤思齐）

2.22 子曰："见贤思齐焉，见不贤而内自省也。" （里仁17）

【译文】 孔子说:"见到贤人,就应该向他看齐;见到不贤的人,就应该自我反省。"

【点评】 修身的方法之一,就是向榜样学习。榜样有好坏两种,学习起来,也分看齐和反省两路。

2.23　子曰:"三人行,必有我师焉。择其善者而从之,其不善者而改之。"　(述而22)

【译文】 孔子说:"三人同行,其中必有可以为师之人。选择善者为榜样而效法,以那些不善者为借鉴而改过。"

【点评】 身边没有好的榜样,总会有坏的典型。坏人或有缺点之人,亦可有助于自己修身,这实在是孔子的一个重要观点。

(改过)

2.24　子曰:"过而不改,是谓过矣!"　(卫灵公30)

【译文】 孔子说:"有了过错而不改正,这真是过错了!"

【点评】 修身的另一方法,是"改过"。在孔子看来,人非圣贤,绝不完美,不但充满缺点,还会不断犯错。修身的过程,就是不断"改过"的过程。能改之"过",就不算是"过"了。

2.25　子曰:"人之过也,各于其党。观过,斯知仁矣。"　(里仁7)

【注释】 党:同类,团体。

【译文】 孔子说:"人的过错,因所属的团体不同而不同。观察其错误,也就可以知道有没有仁德了。"

【点评】 社会中的人,不是孤立的个体,而是生活在复杂群体关系中的个体。一个人的过错,往往也会是一个团体的过错。个人的"改过",有时会涉及群体,绝非易事。

2.26 子曰:"德之不修,学之不讲,闻义不能徙,不善不能改,是吾忧也。"（述而3）

【注释】 徙（xǐ）:迁移,趋赴。

【译文】 孔子说:"品德不去培养,学问不去探求,听到哪里有正义而不能前赴,有了不善之举而不能改正,这些都是我所忧虑的事情啊!"

【点评】 人的过错有多种,以上四项大概是主要的,其中最关键的,当然是"不善不能改"。

2.27 子曰:"古者民有三疾,今也或是之亡也。古之狂也肆,今之狂也荡;古之矜也廉,今之矜也忿戾;古之愚也直,今之愚也诈而已矣。"（阳货16）

【注释】 亡:消失。廉:方正,清高。戾:暴躁,易怒。

【译文】 孔子说:"古代人有三种毛病,这些毛病如今恐怕都不一样了。古代狂者只是放肆,现在的狂者是放荡;古代傲者只是清高,现在的傲者是骄横;古代愚者只是蠢笨,现在的愚者是充满了欺诈啊!"

【点评】 人的过错,也会与时俱进,越来越严重。如此推断,人类想要达到"仁",会是一件越来越困难的任务。

2.28 子曰:"狂而不直,侗而不愿,悾悾而不信,吾不知之矣。"（泰伯16）

【注释】 侗（tóng）:无知。愿:朴实。悾悾（kōng）:同空。

【译文】 孔子说:"狂妄而不正直,无知而不老实,空话连篇而不可信,我真不知道怎么会有这样的人!"

【点评】 好像是在说那种善于说空话、大话而极不可信之人,看来,这种人古已有之。

2.29 子曰:"法语之言,能无从乎？改之为贵！巽与之言,能无说乎？绎之为贵。说而不绎,从而不改,吾末如之何也已矣！"（子罕24）

【注释】 法语:原则性的话。巽与:巽,恭谦。与,赞许。说（yuè）:悦。绎:分析。

【译文】 孔子说:"符合原则的正言规劝,能不听从吗？但只有具体改过才可贵。恭顺的赞许,听了能不高兴吗？但只有仔细分析才可贵。只是高兴而不加分析,只是听从而不具体改过,我对这样的人实在不知道说什么好了！"

【点评】 一个人表面接受批评容易,实际改正错误很难。同样,好话听进去容易,能分辨出其中真伪很难。

2.30 子曰:"已矣乎,吾未见能见其过而内自讼者也。"（公冶长27）

【注释】 自讼:自己和自己争辩。

【译文】 孔子说:"算了吧！我没见过能看到自己的错误,还能做自我批评的人。"

【点评】 一个人能看到自己身上的毛病很难，愿意承认这些毛病并肯做自我批评更难，自我批评之后能真正改掉，则是难上加难。

2.31　子曰："以约失之者，鲜矣！"（里仁 23）

【注释】 约：约束。"约之以礼"之意。鲜：少。

【译文】 孔子说："以礼来约束自己而再犯错误的人，很少了！"

【点评】 想要不犯错误或少犯错误，对自己"约之以礼"，大概是唯一的办法。

（崇德辨惑）

2.32　樊迟从游于舞雩之下。曰："敢问崇德、修慝、辨惑？"子曰："善哉问！先事后得，非崇德与？攻其恶，无攻人之恶，非修慝与？一朝之忿，忘其身以及其亲，非惑与？"（颜渊 21）

【注释】 樊迟：姓樊名须，字子迟，鲁国人，孔子前期年轻的弟子。崇德：提高道德修养。修慝：消除恶念；慝（tè），邪念。辨惑：辨识迷惑。

【译文】 樊迟陪着孔子在舞雩台下散步，说："请问怎样提高品德呢？怎样消除恶念呢？怎样辨识迷惑呢？"孔子说："问得好！先做事再问收获，不就是提高品德了吗？检讨自己的恶念，而不要攻击他人的缺点，不就是消除恶念了吗？一时激愤，就忘记自身安危并牵连自己的亲人,这不就是迷惑吗?"

【点评】 崇德、修慝和辨惑可以说是修身的主要内容。修身是为求仁,也就是达到忠和恕。崇德就是忠,修慝就是恕。辨惑是培养"智",不能感情用事。

2.33 子张问崇德辨惑。子曰:"主忠信,徙义,崇德也。爱之欲其生,恶之欲其死。既欲其生又欲其死,是惑也!'诚不以富,亦只以异。'"(颜渊10)

【注释】 子张:姓颛孙名师,字子张,陈国人,孔子后期重要弟子之一。徙义:赴义。"诚不以富,亦只以异":《诗经·小雅·我行其野》的诗句,写的是弃妇之怨,意思是"不是贪图富贵,只是因为变心!"也有认为这两句是错简的,应在"季氏篇"12 章。

【译文】 子张问怎样才能提高品德和辨识迷惑。孔子说:"以忠信为主,唯义是从,这就是提高品德的努力方向。对一个人,爱起来,就愿他永久活着;恨起来,就盼他立刻死去。既要他活,又要他死,这就是迷惑啊!就像诗中所言:'不是贪图富贵,只是因为变心!'"

【点评】 修身时,重要的是能坚守自己的方向,不受各种诱惑、疑虑和感情的影响,不然,就会陷入迷茫而难以自拔。

(坚持)

2.34 子曰:"善人,吾不得见之矣,得见有恒者,斯可矣。亡而为有,虚而为盈,约而为泰,难乎有恒矣!"(述而26)

【注释】 恒：指恒心。约：穷困。泰：安逸，奢侈。

【译文】 孔子说："善人，我大概是见不到了；能见到有恒心之人，也就可以了。本来没有，却装作有；本来空虚，却装作充实；本来穷困，却装作富足；这样的人是难有恒心的啊！"

【点评】 虚荣之人，难有恒心。修身要培养的品德之一就是恒心。此章原文前面，原有论圣人君子句，另列。

2.35 子曰："譬如为山，未成一篑，止，吾止也！譬如平地，虽覆一篑，进，吾往也！"（子罕19）

【注释】 篑（kuì）：土筐。

【译文】 孔子说："譬如堆土为山，只差一筐土就要完成时，停了下来，那是我自己停下来的啊！譬如在平地堆土，虽然刚倒下第一筐土，继续下去，那也是我自己要进行下去的啊！"

【点评】 修身，如同做其他事情一样，最终能否做成，全在于自己能否坚持到底。

2.36 子曰："三军可夺帅也，匹夫不可夺志也。"（子罕26）

【译文】 孔子说："一国军队，可以夺去它的主帅；一个百姓，却无法强迫他改变志向。"

【点评】 一个人的意志，有时可以和一个帝王或政权来抗衡。

2.37 子曰："岁寒，然后知松柏之后雕也。"（子罕28）

【注释】 雕：同凋。

【译文】 孔子说："到了寒冷的冬季，才会知道松柏是最后凋谢的。"

【点评】 只有到了最后，我们才能知道谁是真正的坚守者。只是坚守到最后，未必一定是成功，结局仍然可能是凋谢。

（三）践行

2.38 子曰："谁能出不由户？何莫由斯道也？"（雍也17）

【译文】 孔子说："谁能不经过门而走出屋子呢？为什么不沿着这条道路走呢？"

【点评】 这是一个"践行"的例子。践行就是在生活实践中去体验和感悟"仁"。没有人能够不经过门而走出屋子的，路径只有一条，过了门槛，门外就是"大道"。

2.39 子张问善人之道。子曰："不践迹，亦不入于室！"（先进20）

【译文】 子张问善人是什么样的人。孔子说："不再踩着别人的脚印走了，但还没有登堂入室啊！"

【点评】 这是《论语》中较难解释的一章。善人，应该是"完人"——完美之人，仅次于"圣人"。善人对"仁"的领悟已达自觉，无需再跟随他人学习了，只是还没能像圣人那样达到登堂入室的程度。这里，孔子用生活中的事例来说明。

2.40 子曰："志于道，据于德，依于仁，游于艺。"（述而6）

【注释】 艺：指"六艺"，即礼、乐、射、御、书、数。

【译文】 孔子说:"有志于道,立身于德,遵循于仁,游娱于六艺之中。"

【点评】 人的一生,无论是生活还是学习,都可以是求仁的过程。

2.41 子曰:"知者乐水,仁者乐山。知者动,仁者静。知者乐,仁者寿。"（雍也 23）

【注释】 知（zhì）:同智。乐（yào）:喜爱。

【译文】 孔子说:"智者喜爱水,仁者喜爱山;智者活跃,仁者沉静。智者快乐,仁者长寿。"

【点评】 仁无所不包,无所不在,甚至在山水之中,只看自己能不能体验。

2.42 颜渊、季路侍。子曰:"盍各言尔志?"子路曰:"愿车马,衣轻裘,与朋友共,敝之而无憾。"颜渊曰:"愿无伐善,无施劳。"子路曰:"愿闻子之志。"子曰:"老者安之,朋友信之,少者怀之。"（公冶长 26）

【注释】 颜渊:姓颜名回,字渊,鲁国人,孔子前期最重要的弟子之一。季路:即子路。姓仲名由,鲁国人,孔子前期最重要的弟子之一。侍:陪侍。盍:何不。伐:夸耀。施劳:施,表白;劳,功劳。

【译文】 颜渊、子路在孔子身边陪侍。孔子说:"你们何不说说自己的志向呢?"子路说:"愿意和朋友们一起共享自己的车马、裘衣,坏了也在所不惜。"颜渊说:"愿意不夸耀自己做的好事,不表白自己的功劳。"子路问孔子:"愿意听听夫子的志向。"孔子说:"让老年人安心,让朋友们信任,让年少者得到关怀。"

【点评】 这里谈的是对"仁"的理解。子路想到的是共享,颜渊想到的是谦让,而孔子心里想的是天下安定。

2.43 子路、曾皙、冉有、公西华侍坐。子曰:"以吾一日长乎尔,毋吾以也。居则曰:'不吾知也!'如或知尔,则何以哉?"

子路率尔而对,曰:"千乘之国,摄乎大国之间,加之以师旅,因之以饥馑,由也为之,比及三年,可使有勇,且知方也。"夫子哂之。

"求,尔何如?"对曰:"方六七十,如五六十,求也为之,比及三年,可使足民。如其礼乐,以俟君子。"

"赤,尔何如?"对曰:"非曰能之,愿学焉。宗庙之事,如会同,端章甫,愿为小相焉。"

"点,尔何如?"鼓瑟希,铿尔,舍瑟而作。对曰:"异乎三子者之撰。"

子曰:"何伤乎?亦各言其志也。"

曰:"莫春者,春服既成,冠者五六人,童子六七人,浴乎沂,风乎舞雩,咏而归。"夫子喟然叹曰:"吾与点也!"

三子者出,曾皙后。曾皙曰:"夫三子者之言何如?"

子曰:"亦各言其志也已矣!"

曰:"夫子何哂由也?"

曰:"为国以礼,其言不让,是故哂之。"
"唯求则非邦也与?"
"安见方六七十,如五六十,而非邦也者?"
"唯赤非邦也与?"
"宗庙会同,非诸侯而何?赤也为之小,孰能为之大?"（先进26）

【注释】 曾皙:姓曾名点,字子皙,鲁国人,孔子最早的弟子之一,也是曾参之父。冉有:姓冉名求,字子有,鲁国人,孔子前期弟子。公西华:姓公西名赤,字子华,鲁国人,孔子前期较年轻的弟子。毋以也:不敢说话。摄:夹于。哂(shěn):不以为然的微笑。方六七十:方圆六七十里。会同:诸侯会见。端章甫:端,古时礼服之称。章甫,古时礼帽之称。相:礼仪之司仪。希:同稀。莫:同暮。冠者:成人。沂:沂河。舞雩(yú):祭天求雨之台。

【译文】 子路、曾点、冉求、公西赤陪孔子坐着。孔子说:"我比你们年长一些,不要因此而不敢说话了。平日总说:'没有人了解我呀!'如果有人了解你们,那你们要怎样去做呢?"

子路急忙抢先回答:"一个有千辆兵车的国家,夹在大国之间,常常受到侵扰,国内又有饥荒。如果让我去治理,只要三年,就能使其民众善战,并且知晓规矩。"孔子听了,不以为然地微微一笑。孔子又问:"冉求,你怎么样呢?"冉求答道:"一个方圆六七十里或五六十里的地方,让我来治理,三年之后,就可以让百姓温饱。至于礼乐之事,只能有待君子了。"孔子又问:"公西赤,你怎么样呢?"公西赤答道:"不敢说能做什么,只是愿意多学一点。宗庙祭祀或是诸侯会盟,我愿意穿着礼服,戴着礼帽,当一个小小的司仪。"孔子又问:"曾点,你怎么样呢?"曾点正在弹瑟,此时瑟声渐慢,随着"铿"的一声而收住。他推瑟而起,说:"我的想法和他们三位不同啊!"

孔子说:"那有什么关系呢?各言其志嘛!"

曾点说:"暮春三月,换上刚做好的春装,五六个成年人,六七个少年,一起去沂河游泳,在舞雩台上吹风,再一路唱着歌回家。"孔子听了,长叹一声:"我想的和曾点一样啊!"

子路、冉求、公西赤三个人先走了,曾点后走。他问孔子说:"他们三人的回答怎么样?"孔子说:"也就是各言其志而已。"曾点说:"那夫子为什么要笑子路呢?"孔子说:"治国以礼,而他说起话却一点也不懂谦让,所以笑他。"曾点又问:"那冉求讲的是不是治国之道呢?"孔子说:"怎么见得方圆六七十里或五六十里的地方就不是国家呢?"曾点又问:"那公西赤讲的是不是治国之道呢?"孔子说:"宗庙祭祀和诸侯会盟,这不是国君的事又是什么呢?如果像赤这样的人只能做一个小司仪,谁又能担当得了大司仪呢?"

【点评】 各言其志,也就是各自谈对"仁"的理解。子路谈的是强兵,冉求说的是富国,公西赤讲的是礼乐,而在孔子看来,这些都是手段,仁的最终理想,是让人类回归自然的嬉戏状态——就像曾点所描绘的暮春时节的郊游,或者,像两千多年后德国哲学家海德格尔所形容的"人,诗意地栖居"——那才是天下"大同"的最高境界。

二、君子之路

人之仁者，即为君子；人之不仁者，便是小人。君子有自己独特的品行规范，小人也有标签式的行为举止。

（一）君子标准

（心中有仁）

2.44　子曰："君子而不仁者有矣夫？未有小人而仁者也！"（宪问6）

【译文】　孔子说："君子中有不具仁德的人吗？从未见过小人中谁有仁德。"

【点评】　君子与小人的区分标准，就是心中有没有"仁"。

2.45　子曰："君子道者三，我无能焉：仁者不忧，知者不惑，勇者不惧。"子贡曰："夫子自道也！"（宪问28）

【注释】　子贡：姓端木名赐，字子贡，卫国人，孔子前期最重要的弟子之一。

【译文】　孔子说："君子之道有三个方面，我未能做好：有仁德的人不会忧愁，有智慧的人不会迷惑，有勇气的人不会畏惧。"子贡说:"夫子说的就是他自己啊!"

【点评】 同样的话,孔子多次说过。君子有仁,还要有智和勇。

2.46 司马牛问君子。子曰:"君子不忧不惧。"曰:"不忧不惧,斯谓之君子已乎?"子曰:"内省不疚,夫何忧何惧?"（颜渊4）

【注释】 司马牛:姓司马名耕,字子牛,宋国人,孔子前期较年轻的弟子。

【译文】 司马牛问君子是什么样的人。孔子说:"君子不忧愁,不畏惧。"司马牛说:"不忧愁,不畏惧,这样就可以称为君子了吗?"孔子说:"自我反省时没有内疚,那还有什么可忧愁和惧怕的呢?"

【点评】 一个人因心无内疚而变得不忧不惧,就接近"仁"了,也就成为君子。

2.47 子曰:"君子谋道不谋食。耕也,馁在其中矣;学也,禄在其中矣。君子忧道不忧贫。"（卫灵公32）

【注释】 馁(něi):饥饿。禄:为官的俸禄。

【译文】 孔子说:"君子一心求道而不求食。耕田,不免要饿肚子;读书,却可得到俸禄。君子忧心的是道,而不担心受穷。"

【点评】 君子一意求仁而心无旁骛,自然是好,但谋生之路只有仕途一条,却是传统儒生的"死穴"。中国知识分子政治独立性的缺乏,盖源于此。

2.48 子路问君子。子曰:"修己以敬。"曰:"如斯而已乎?"曰:"修己以安人。"曰:"如斯而已乎?"曰:"修己以安百姓。修己以安百姓,尧舜其犹病诸。"（宪问 42）

【译文】 子路问如何做君子。孔子说:"自己修身,恭敬做事。"子路说:"这样就够了吗?"孔子说:"自己修身,并能让他人安身。"子路说:"这样就够了吗?"孔子说:"自己修身,并能让百姓安定。自己修身又能使百姓安定,尧、舜恐怕还难以完全做到呢!"

【点评】 从"修己"到"安人",再到"安百姓",就是由"仁"到"圣",也就是从君子到圣人。

2.49 孔子曰:"圣人,吾不得而见之矣,得见君子者,斯可矣。"（述而 26）

【译文】 孔子说:"圣人我是不可能看到了,能见到君子,这也就可以了。"

【点评】 在孔子看来,一个人凭借自我努力可以成为君子,但由"仁"入"圣",行仁政于天下,则是圣人之事,需要有"天命"。

（博学知礼）

2.50 子曰:"君子博学于文,约之以礼,亦可以弗畔矣夫!"（雍也 27）

【注释】 约:约束。畔:同叛。

【译文】 孔子说:"君子在文化知识方面要博学,在行为上要用礼来约束自己,这样也就不会偏离正道了。"

【点评】 博学是君子的必备条件,知礼亦是。无论博学还是知礼,实质上,都是为了达到仁。

2.51 子曰:"博学于文,约之以礼,亦可以弗畔矣夫。"（颜渊15）

【点评】 此章文句两见于《论语》,文句几乎相同。

2.52 子曰:"君子食无求饱,居无求安,敏于事而慎于言,就有道而正焉,可谓好学也已。"（学而14）

【注释】 就:靠近。有道:有仁德之人。正:改正。

【译文】 孔子说:"君子饮食不求饱足,居住不求舒适,勤劳做事,小心说话,接近有仁德的人,来改正自己身上的缺点,这样可以说是好学了。"

【点评】 所谓"好学",就是愿向仁德之人学习。

2.53 子曰:"质胜文则野,文胜质则史。文质彬彬,然后君子。"（雍也18）

【注释】 质:质朴,无修饰。文:文采,经过修饰。野:粗野。史:虚饰。

【译文】 孔子说:"过于质朴而缺乏文采,就会流于粗野;文采太多而缺少质朴,就会显得虚夸。质朴和文采兼备,相得益彰,才是君子。"

【点评】"文质彬彬",其实,就是一种气质,一种由"知书达礼"而形成的气质。"知书"而自有内涵,"达礼"则人有教养。

2.54 子曰:"君子义以为质,礼以行之,孙以出之,信以成之,君子哉!" (卫灵公18)

【注释】 孙:同逊。

【译文】 孔子说:"君子以义为做人根本,以礼为行为规范,以谦逊的方式表达自己,以诚信的准则完成事业。这就是君子啊!"

2.55 孔子曰:"不知命,无以为君子也;不知礼,无以立也;不知言,无以知人也。" (尧曰3)

【译文】 孔子说:"不懂天命,就不能成为君子;不知礼仪,就不能立业安身;不能分辨话语,就不能真正了解他人。"

【点评】 知礼之外,君子还应该知人、知命。

(讷言敏行)

2.56 子曰:"君子欲讷于言而敏于行。" (里仁24)

【注释】 讷(nè):迟钝。这里指说话谨慎。

【译文】 孔子说:"君子要说话谨慎而行动敏捷。"

【点评】 "讷于言"就是"慎言"。孔子对"慎言"极为重视,曾反复强调,并将其作为君子的衡量标准之一。

2.57 子贡问君子。子曰:"先行其言而后从之。" (为政13)

【译文】 子贡问怎样做一个君子。孔子说:"先实践了自己的主张,然后再说出来。"

【点评】 这是对"讷于言而敏于行"的进一步发挥。可以有两种理解:一是先做再说;二是自己能做到的,再要求别人。

2.58 子曰:"君子耻其言而过其行。"（宪问 27）

【译文】 孔子说:"君子以说的比做的多为耻。"

【点评】 与赞赏"慎言"相反,孔子非常不喜欢夸夸其谈之人。夸夸其谈,和"巧言令色"一样,都是言不由衷,是一个人缺乏诚意的表现。

2.59 子曰:"论笃是与,君子者乎? 色庄者乎?"（先进 21）

【注释】 论笃是与:论,言论;笃,诚实;与,赞许。此句可理解为,说话诚实值得推崇（杨伯峻《论语译注》）;似也可解释为,议论时总是一味赞许。这里取前者。

【译文】 孔子说:"说实话的人值得推崇,是真君子呢? 还是貌似庄重之人呢?"

【点评】 一个人说得诚恳或说得好听,都还不足以证明自己是君子。如何辨别呢? 孔子提出的办法是"观其言,察其行"（公冶长 10）。

2.60 子曰:"君子不以言举人,不以人废言。"（卫灵公 23）

【译文】 孔子说:"君子不会只凭一个人说的话就举荐他,也不会因一个人不好而废掉他所说过的好话。"

【点评】 这是君子待人处世的态度,也是旁人判断君子的标准。

（不争不党不器）

2.61 子曰："君子无所争。必也射乎！揖让而升，下而饮。其争也君子。"（八佾7）

【注释】 射：射箭。

【译文】 孔子说："君子没有什么要与别人竞争的。如果有的话，那一定是射箭比赛吧！比赛时，先作揖互让，然后上场。下场后，又一起喝酒。虽是竞争，仍是君子。"

【点评】 君子不争。在充满竞争的商业社会，君子如何生存是一个新问题。

2.62 子曰："君子矜而不争，群而不党。"（卫灵公22）

【注释】 矜（jīn）：持重。

【译文】 孔子说："君子持重而不与人争，合群而不结党。"

【点评】 君子不争，所以不党。不争的是利益，而党是利益团体。在现代政党社会中，一个人想做君子，恐怕是越来越难了。

2.63 子曰："君子不器。"（为政12）

【译文】 孔子说："君子不把自己当作器具。"

【点评】 君子不器，就是不要去争当工具或被人当作工具。这是孔子很重要的思想之一。可惜，自古以来，儒生的梦想都是能够成为统治者的"工具"，似乎有悖于老师的这一教诲。

（三畏三戒三愆）

2.64 孔子曰:"君子有三畏:畏天命,畏大人,畏圣人之言。小人不知天命而不畏也,狎大人,侮圣人之言。"（季氏8）

【注释】 狎（xiá）:亲昵而不敬。
【译文】 孔子说:"君子有三种敬畏:敬畏天命,敬畏地位尊贵者,敬畏圣人之言。小人不懂天命,所以不敬畏,也不尊敬地位尊贵者,还轻侮圣人之言。"
【点评】 君子的"三畏",敬畏的是大自然的天意、世俗的王权和圣人所代言的道德规范。

2.65 孔子曰:"君子有三戒:少之时,血气未定,戒之在色;及其壮也,血气方刚,戒之在斗;及其老也,血气既衰,戒之在得。"（季氏7）

【译文】 孔子说:"君子有三戒:少年之时,血气还不成熟,要戒除对女色的迷恋沉溺;身体强壮了,血气方刚,要戒除争强好斗;年老之日,血气已经衰微,要戒除对所拥有的贪恋不舍。"
【点评】 人生经验之谈,非过来人体会不到,也讲不出来。孔子一般只讲道理,不讲生理,此章例外。

2.66 孔子曰:"侍于君子有三愆:言未及之而言,谓之'躁';言及之而不言,谓之'隐';未见颜色而言,谓之'瞽'。"（季氏6）

【注释】 愆（qiān）：过失。瞽（gǔ）：盲。

【译文】 孔子说："陪伴在君子旁边，要注意别犯三种错误：谈话时还没轮到你，你就抢着说话，这是'躁'；轮到你时，你却不说，这是'隐'；不看脸色而贸然说话，这就是'瞽'。"

（其他）

2.67 子曰："君子不重，则不威，学则不固。主忠信，无友不如己者。过，则勿惮改。"（学而8）

【注释】 重：庄重。惮（dàn）：害怕。

【译文】 孔子说："君子不庄重，就没有威严，为学也不扎实。为人以忠信为主，不要与比自己还差的人为友。有了过错，就不要怕改正。"

【点评】 对君子做人的整体要求。

2.68 孔子曰："君子有九思：视思明，听思聪，色思温，貌思恭，言思忠，事思敬，疑思问，忿思难，见得思义。"（季氏10）

【译文】 孔子说："君子有九种情况要仔细思考：看时要想想是否看清楚了；听时要想想是否听明白了；脸色要想想是否保持温和；容貌要想想是否保持谦恭；说话要想想是否诚实；办事要想想是否敬业；有了疑问，要想想是否该向人询问；生气发怒，要想想是否会有不好的后果；获取利益之时，要想想是否合乎义的准则。"

【点评】 对君子处世的具体指引。

2.69　子曰："君子之于天下也，无适也，无莫也，义之与比。"（里仁 10）

【注释】 适：可以。莫：不可以。比：相近、靠近。

【译文】 孔子说："君子行走于天下，没有什么路一定要走，也没有什么路一定不能走，只要遵循道义的指引就行了。"

【点评】 在现实生活中，君子行事可以灵活，只是心中不能"违仁"。

2.70　子曰："君子贞而不谅。"（卫灵公 37）

【注释】 贞：言行一致。谅：守信。

【译文】 孔子说："君子恪守原则，而不一定拘泥「小信。"

【点评】 此章和上一章表达的是相同的意思。

2.71　子曰："君子病无能焉，不病人之不己知也。"（卫灵公 19）

【译义】 孔子说："君子只怕自己没有才能，不怕别人不了解自己。"

【点评】 同样的意思，孔子曾多次表达，如："不患人之不己知，患不知人也"（学而 16）；"不患人之不己知，患其不能也"（宪问 30）。

2.72　子曰："君子疾没世而名不称焉。"（卫灵公 20）

【注释】 没世：死后。

【译文】 孔子说："君子引以为恨的，是死后自己的名字不被他人所称道。"

【点评】 君子可以甘守寂寞，但对自己死后名声的好坏，还是很在意的。

2.73 子贡曰:"君子亦有恶乎?"子曰:"有恶。恶称人之恶者,恶居下流而讪上者,恶勇而无礼者,恶果敢而窒者。"曰:"赐也亦有恶乎?""恶徼以为知者,恶不孙以为勇者,恶讦以为直者。"(阳货24)

【注释】 恶(wù):厌恶。讪(shàn):诽谤。窒:阻塞,不通。徼(jiǎo):窃取,抄袭。知:同智。孙:同逊。讦(jié):揭发,攻击。

【译文】 子贡说:"君子也有厌恶的事吗?"孔子说:"有厌恶的事。厌恶到处说别人坏话的人,厌恶身居下位而诽谤在上者的人,厌恶勇敢而不懂礼节的人,厌恶果断而顽固不化的人。"孔子又问:"子贡啊,你也有厌恶的事吗?"子贡说:"厌恶抄袭别人成果而当作自己智慧的人,厌恶将不谦虚当作有勇气的人,厌恶攻击别人而自以为正直的人。"

【点评】 君子有爱也有恨,所恨之事,自然就是君子所戒。有意思的是,孔子为师,最看不惯的是对尊者不敬;子贡为学生,最痛恨的是抄袭。

(二)君子和小人

(为人)

2.74 子谓子夏曰:"女为君子儒,无为小人儒!"(雍也13)

【注释】 子夏:姓卜名商,字子夏,晋国人,孔子后期重要弟子之一。女:同汝,你。

【译文】 孔子对子夏说:"你要做君子儒,不要做小人儒。"

【点评】 人分为君子和小人,儒亦可分。因此,自称儒者之人,未必都是君子,其中亦有小人。

2.75 子曰:"君子坦荡荡,小人长戚戚。" (述而37)

【注释】 戚戚:忧愁、烦恼。

【译文】 孔子说:"君子心胸宽广坦荡,小人时常烦恼忧伤。"

【点评】 君子和小人的区别之一,就是胸怀和心态的不同。

2.76 子曰:"君子泰而不骄,小人骄而不泰。" (子路26)

【译文】 孔子说:"君子安然而不傲慢,小人傲慢而不安然。"

【点评】 因胸怀和心态的不同,君子和小人的外在神情也就自然不同。

(待人)

2.77 子曰:"君子求诸己,小人求诸人。" (卫灵公21)

【注释】 诸:之于。

【译文】 孔子说:"君子要求自己,小人要求别人。"

【点评】 这是君子和小人之间的一个重要区别:君子总是严于律己,小人喜欢苛求他人。

2.78 子曰:"君子成人之美,不成人之恶。小人反是。" (颜渊16)

【译文】 孔子说:"君子成全别人的好事,而不促成别人的坏事。小人正好相反。"

【点评】 对待他人的不同态度,也是君子和小人之间的重要区别。

2.79 子曰:"君子和而不同;小人同而不和。"(子路23)

【译文】 孔子说:"君子之间和谐,却能保持差异;小人之间混同一片,却不和谐。"

【点评】 "和而不同"是君子与他人关系的典型特征,而"同而不和"是小人与他人关系的真实写照。

2.80 子曰:"君子周而不比,小人比而不周。"(为政14)

【注释】 周:合群。比(bǐ):勾结。

【译文】 孔子说:"君子合群而不与人勾结,小人与人勾结而不合群。"

【点评】 此章与上一章主题相近。君子因"和而不同",所以"周而不比";同样,小人因"同而不和",只能"比而不周"。

2.81 子曰:"君子易事而难说也,说之不以道,不说也。及其使人也,器之。小人难事而易说也,说之虽不以道,说也。及其使人也,求备焉。"(子路25)

【注释】 易事:易于共事。难说:难以取悦;说:同悦。器之:量才。

【译文】 孔子说:"为君子做事容易,但取悦不易。不按正道办事,他是不会喜欢的。用人之时,他总是量才而用。为小人做事很难，但取悦容易。不按正道办事，他也会喜欢的。但到用人之时，他会求全责备。"

【点评】 君子难以取悦，小人难以共事。

（做事）

2.82 子曰："君子喻于义，小人喻于利。"（里仁 16）

【译文】 孔子说："君子明白的是义，小人看到的只是利。"

【点评】 做起事来，有无"仁"的担当，是君子和小人的根本区别。义是实践"仁"的一种责任和义务。人，生而逐利，是本性；继而寻义，是觉悟；有了"主义"，便是以"寻义"之名"逐利"——团体、阶层或全人类之利。

2.83 子曰："君子上达，小人下达。"（宪问 23）

【译文】 孔子说："君子向上寻求更高的境界，小人向下寻找更低的落点。"

【点评】 有关"上达"和"下达"之意，历来有多种解释，如"义利说""学识说"等，皆通。此处只取原文字意。

2.84 子曰："君子不可小知，而可大受也；小人不可大受，而可小知也。"（卫灵公 34）

【注释】 小知：小事。大受：承担重任。

【译文】 孔子说："君子不能做小事，但可以承担重任；小人无法承担重任，但可以做些小事。"

【点评】 君子可大用,却不能小用,正如栋梁之材,不可用来做桌椅板凳。小人不可大用,但可小用。一个社会是由君子和小人共同组成的,各得其所,也能和谐。

2.85 子曰:"君子怀德,小人怀土;君子怀刑,小人怀惠。"(里仁11)

【注释】 怀:怀念,贪恋。土:乡土。刑:刑罚。

【译文】 孔子说:"君子怀念的是道德,小人贪恋的是乡土;君子思考的是刑罚,小人想到的是小恩小惠。"

2.86 子路曰:"君子尚勇乎?"子曰:"君子义以为上。君子有勇而无义为乱,小人有勇而无义为盗。"(阳货23)

【译文】 子路问:"君子崇尚勇敢吗?"孔子答道:"君子以义为最高品德。君子有勇无义就会作乱,小人有勇无义就会为盗。"

【点评】 勇而无义,无论是君子还是小人,同样都会犯错,且君子所犯之错未必会比小人所犯之错小。将君子和小人放在一起告诫,《论语》中,仅此一章。

(坚守)

2.87 在陈绝粮。从者病,莫能兴。子路愠见曰:"君子亦有穷乎?"子曰:"君子固穷;小人穷斯滥矣。"(卫灵公2)

【注释】 兴:起身。愠(yùn):怨恨。固穷:固守穷困。

【译文】 在陈国断了粮食,随行的弟子们都饿病了,站不起身来了。子路不高兴地来见孔子,说道:"君子也有穷困潦倒到走投无路之时吗?"孔子说:"君子守得住穷困,小人一遇穷困就守不住了。"

【点评】 周游列国途中,困于陈蔡,乃至绝粮,是孔子一生中所面临的最严峻的考验。在这个关键时刻,连最忠诚的弟子们都开始有些动摇了。孔子以"君子固穷"来激励他们,稳定人心。

〖实践篇第三〗

一、从政治国

将"仁"实践于社会,就是仁政。仁者治国,自有其一整套方略,以"德治"为中心,以立信、重教、正名、选贤等为举措。

(一)以仁为政

3.1　子曰:"民之于仁也,甚于水火。水火,吾见蹈而死者矣,未见蹈仁而死者也。"（卫灵公35）

【译文】 孔子说:"百姓对仁的渴望,比对水火的需求还更迫切。水和火,我见过有人为之而赴死的,却没见过为仁而赴死的。"

【点评】 这是一个著名的比喻,但有多种理解。这里取传统解释,即仁如水火一样,是百姓赖以为生之物。

3.2　子曰:"如有王者,必世而后仁。"（子路12）

【注释】 世:古人将三十年视为一世。

【译文】 孔子说:"如有王者兴起,三十年后也一定会实行仁政。"

【点评】 在孔子看来,仁之行于天下,是必然趋势。王者兴起,无论以何种方式获取天下,或早或晚,都必然会走向仁政。

3.3 子曰:"知及之,仁不能守之,虽得之,必失之。知及之,仁能守之,不庄以莅之,则民不敬。知及之,仁能守之,庄以莅之,动之不以礼,未善也。"（卫灵公 33）

【注释】 知:同智。莅（lì）:临。

【译文】 孔子说:"凭借才智得到的东西,不能以仁来守护,即使得到了,也会失去。凭借才智得到的东西,虽能以仁来守护,但不能显示为政的庄严,百姓也会不敬。凭借才智得到的东西,虽能以仁来守护,也能显示为政的庄严,但行动起来不遵循礼的规范,那就达不到完善。"

【点评】 一个国家的长治久安,仁政的施行是关键。不施行仁政,夺取的天下也会失去。

3.4 子曰:"好勇疾贫,乱也。人而不仁,疾之已甚,乱也。"（泰伯 10）

【注释】 疾:厌恶,憎恨。已甚:过分。

【译文】 孔子说:"喜勇好斗而又厌恶贫穷,就会犯上作乱。人若不仁,怨恨就会更深,一定会出乱子。"

【点评】 好勇嫉贫,是社会动乱之源,而人之"不仁",更会使社会动乱加剧。孔子此言,是对民众的告诫,还是对治国者的提醒?似乎是后者。

（二）以德治国

3.5　子曰："为政以德，譬如北辰，居其所而众星共之。"
（为政1）

【注释】　北辰：北极星。共：同拱，环绕。

【译文】　孔子说："为政要以德治国，如同北极星一样，定好自己的位置，群星都会环绕。"

【点评】　以德治国，是孔子仁政思想的核心理念。仁者治国，为政者本人应先达到"仁"的境界，成为民众的楷模、表率。如果为政者"不仁"，很难想象一个社会能够实行"仁政"。这就是"以德治国"的关键。

3.6　子曰："道之以政，齐之以刑，民免而无耻；道之以德，齐之以礼，有耻且格。"（为政3）

【注释】　道：引导。齐：约束。免：逃避。格：至，归来。

【译文】　孔子说："用政令来指导，用刑法来管治，百姓会逃避刑罚而变得没有羞耻；用道德来引导，用礼仪来约束，百姓不仅会有廉耻，还会有归心。"

【点评】　"德治"与"刑治"所导致的不同结果。

3.7　齐景公问政于孔子。孔子对曰："君君，臣臣，父父，子子。"公曰："善哉！信如君不君，臣不臣，父不父，子不子，虽有粟，吾得而食诸？"（颜渊11）

【注释】　齐景公：名杵臼，齐国国君。孔子在齐时，他曾想用孔子,未果。

【译文】 齐景公问孔子如何治国。孔子说:"君王要有君王的样子,臣子要有臣子的样子,父亲要有父亲的样子,儿子要有儿子的样子。"齐景公说:"说得好呀!真要是君不像君,臣不像臣,父不像父,子不像子,虽有粮食,我还能吃得下吗?"

【点评】 仁之理念,在不同的社会关系中,会有不同的具体呈现,包括君臣关系和父子关系等。在社会关系中,角色之间的关系是被规定的,但每个人所扮演的角色是会不断变化的。你可以是君,也可以是臣;可以是父,也可以同时是子。在孔子看来,治国就是让每个人在扮演某一社会角色时承担起相应的职责。

3.8 **叶公问政。子曰:"近者说,远者来。"**（子路16）

【注释】 叶公:姓沈名诸梁,字子高,楚国大夫,因封于叶地,故称叶公。说:同悦。

【译文】 叶公问孔子怎样治理国家。孔子说:"要让近处的人高兴,远方的人归顺。"

【点评】 这是德政的理想。境内百姓安居乐业,而无需刑罚;远方部族主动归顺,而不靠征伐。

3.9 **季康子问政于孔子曰:"如杀无道,以就有道,何如?"孔子对曰:"子为政,焉用杀?子欲善,而民善矣!君子之德风,小人之德草,草上之风必偃。"**（颜渊19）

【注释】 季康子：姓季孙名肥，鲁国大夫，"康"是其谥号。他执政时，曾召回在外周游的孔子，但终未能用。无道：无道之人。偃（yǎn）：匍匐，倒下。

【译文】 季康子问孔子如何治理国家，说："如果杀掉无道之人，亲近有道之人，怎么样？"孔子说："您治理国事，哪里用得着杀人呢？您只要想行善，百姓就会跟着行善。君子的品德如风，小民的品德如草，风吹过草，草必定随之倒伏。"

【点评】 德政反对杀戮，主张以德服人。在孔子看来，治国应该是一个教化民众的过程，其前提是，执政者必须成为道德的楷模。

3.10 子曰："'善人为邦百年，亦可以胜残去杀矣。'诚哉是言也！" （子路11）

【译文】 孔子说："'善人治理国家一百年，也就可以消除残暴，废止杀戮了。'这话真对呀！"

【点评】 孔子反对暴力，他认为只需一百年，一个国家就能除暴去杀。在两千多年后的今天来看，他对人类政治是有点过于乐观了。

3.11 颜渊问为邦。子曰："行夏之时，乘殷之辂。服周之冕，乐则韶舞。放郑声，远佞人。郑声淫，佞人殆。" （卫灵公11）

【注释】 颜渊：姓颜名回，字渊，鲁国人，孔子前期最重要的弟子之一。夏之时：夏代历法。辂（lù）：车子。冕：帽子。韶舞：舜时的舞乐。郑声：郑国乐曲，被视为淫声。殆：危险。

【译文】 颜渊问怎样治理国家。孔子说:"用夏代的历法,乘殷代的车子。戴周代的帽子,奏韶舞之乐。禁郑国之曲,远离能说会道的小人。郑国的乐曲不正,花言巧语的小人危险。"

【点评】 这是孔子就实行德政而向执政者提出的具体要求,表面上是复古,实质上是要求回归艰苦朴素的传统。

3.12 子张问于孔子曰:"何如斯可以从政矣?"子曰:"尊五美,屏四恶,可以从政矣。"

子张曰:"何谓五美?"子曰:"君子惠而不费,劳而不怨,欲而不贪,泰而不骄,威而不猛。"子张曰:"何谓惠而不费?"子曰:"因民之所利而利之,斯不亦惠而不费乎?择可劳而劳之,又谁怨?欲仁而得仁,又焉贪?君子无众寡,无小大,无敢慢,斯不亦泰而不骄乎?君子正其衣冠,尊其瞻视,俨然人望而畏之,斯不亦威而不猛乎?"

子张曰:"何谓四恶?"子曰:"不教而杀谓之虐;不戒视成谓之暴;慢令致期谓之贼;犹之与人也,出纳之吝,谓之有司。"（尧曰2）

【注释】 子张:姓颛孙名师,字子张,陈国人,孔子后期重要弟子之一。

【译文】 子张问孔子说:"该如何管理国政呢?"孔子说:"尊重五种美德,排除四种恶政,这样就可以了。"

子张问:"五种美德是什么?"孔子说."君子要给予百姓恩惠而无需耗费,使百姓劳作而不生怨恨,让他们有欲求而不贪婪,坦然而不倨傲,威严而不凶狠。"子张说:"怎样才能给百姓恩惠而无需耗费呢？"孔子说："让百姓去做对他们自己有利的事情，这不就是给了他们恩惠而无需耗费吗？选择值得劳作的事情和时节让百姓去劳作，谁又会怨恨呢？想要追求仁德便能得到仁德，还有什么可贪求的呢？君子待人，无论人多人少，势大势小，从不敢怠慢，这样不就是坦然而不倨傲吗？君子衣冠整齐，仪容自重，让人见了就有敬畏之心，这样不就是威严而不凶狠吗？"

子张问："什么是四种恶政呢？"孔子说："不经教化就随便杀戮，这是虐；不加告诫就要求成功业绩，这是暴；不予监督而突然限期完成，这是贼；给人财物而出手吝啬，这是小气。"

【点评】 这是孔子就"德政"给出的最具体的解释，其核心是"爱民"。"德政"以仁为本。

（三）以信立国

3.13　子贡问政。子曰："足食，足兵，民信之矣。"子贡曰："必不得已而去，于斯三者何先？"曰："去兵。"子贡曰："必不得已而去，于斯二者何先？"曰："去食。自古皆有死，民无信不立。"（颜渊7）

【注释】 子贡：姓端木名赐，字子贡，卫国人，孔子前期最重要的弟子之一。

【译文】 子贡问怎样治理国家。孔子说，"粮食充足，军备充足，百姓信任。"子贡说："如果不得不去掉一项，那么三项中先去掉哪一项呢？"孔子说："去掉军备。"子贡说："如果不得不再去掉一项，那么两项中去掉哪一项呢？"孔子说："去掉粮食。自古以来，人总是要死的，如果没有百姓的信任，国家就根本不能存在。"

【点评】 任何一种形态的国家政权，统治者和民众都会有一种有形或无形的"契约"。在古代，这就是"信"，如今，称为"宪法"。

3.14 子曰："道千乘之国，敬事而信，节用而爱人，使民以时。" （学而5）

【注释】 道：同导，治理之意。乘（shèng），车辆之数。

【译文】 孔子说："治理一个拥有千辆兵车的国家，要严谨办事而又守信，节约用度而又爱护民众，让百姓服劳役而不要耽误了农时。"

【点评】 治国以信，是"德治"的基础。

（四）以教兴国

3.15 子适卫，冉有仆。子曰："庶矣哉！"冉有曰："既庶矣，又何加焉？"曰："富之。"曰："既富矣，又何加焉？"曰："教之。" （子路9）

【注释】 冉有：姓冉名求，字子有，鲁国人，孔子前期弟子。适：到。仆：驾车。庶：人口众多。

【译文】 孔子到卫国去，冉有为他驾车。孔子说："人真多啊！"冉有说："人多了，还要做什么呢？"孔子说："让他们富裕起来。"冉有说："富裕了之后，还要再做些什么呢？"孔子说:"对他们进行教育。"

【点评】 孔子认为:富民在前,教民在后。换句话说,民若不富,教化也难。以此推论,仁者治国,应以发展经济为第一要务,而科教兴国也是题中应有之义。问题在于,谁来教育民众?君王,圣贤,还是民众自己?

3.16 子曰:"善人教民七年,亦可以即戎矣。"(子路29)

【注释】 戎:兵事。

【译文】 孔子说:"好的执政者在教育民众七年之后,也就可以叫他们去当兵打仗了。"

【点评】 "教民"的内容之一,就是训练他们去打仗。可见,儒家也有文武两手。

3.17 子曰:"以不教民战,是谓弃之。"(子路30)

【译文】 孔子说:"用没有经过训练的百姓去打仗,等于就是抛弃他们。"

【点评】 与上一章意思相承。让百姓经过军事训练再去打仗,也是一种"仁者爱人"的体现。

3.18 子曰:"民可使由之,不可使知之。"(泰伯9)

【译文】 孔子说:"民众只需让他们知道如何去做,而不必让他们知道为什么要这样去做。"

【点评】 这是历来最有争议的孔子言论之一,被认为其中有"愚民"思想。后人也有以"民可,使由之;不可,使知之"来断句，另作解释，过于牵强。其实，这应该是孔子的本意。这里讨论的是如何治国，而"教民"是治国的手段之一。"教民"之"教"，与我们今天所说的"教育"之"教"，完全不同。

3.19　子曰："中庸之为德也，其至矣乎！民鲜久矣。" （雍也29）

【注释】　中庸：适度。

【译文】　孔子说："中庸作为一种品德，应该是最高的道德了吧！民众缺少这种品德已经很久了。"

【点评】　教民的另一要务，就是让民众保持一种中庸的生活态度。"中庸"的概念后被宋儒阐发、强调，但《论语》中仅此一条。

（五）以身作则

3.20　季康子问政于孔子，孔子对曰："政者，正也。子帅以正，孰敢不正？" （颜渊17）

【译文】　季康子问孔子如何治理国家。孔子回答说："政者，就是正的意思。您本人带头行端立直，还会有谁敢不走正道呢？"

【点评】　执政者要教民，自己就要先做楷模，以身作则。被"教"的民众，也理所当然地要求执政者做出"榜样"。在中国传统政治中，这成为一个基本定律。

3.21　子曰："苟正其身矣，于从政乎何有？不能正其身，如正人何？" （子路13）

【译文】 孔子说:"如果能端正自身,治国为政会有什么困难呢?如果不能端正自身,又如何去端正别人呢?"

【点评】 此章阐述的主题与上一章完全相同。

3.22 子曰:"其身正,不令而行;其身不正,虽令不从。"（子路6）

【译文】 孔子说:"自身行为端正,即使不发布命令,民众也会遵循;自身行为不正,即使发布命令,民众也不会服从。"

【点评】 执政者不能"以身作则"的话,会直接导致国家政令不通。

3.23 季康子患盗,问于孔子。孔子对曰:"苟子之不欲,虽赏之不窃。"（颜渊18）

【译文】 季康子为盗贼太多而烦心,问计于孔子。孔子回答说:"假如您自己不贪,即使奖励偷盗,也不会有人盗窃。"

【点评】 孔子的这句话有些尖锐,当面说出,听者有没有恼怒,我们不知道。其实,孔子的本意不过是说,执政者要为民众做出好的榜样。

3.24 季康子问:"使民敬忠以劝,如之何?"子曰:"临之以庄,则敬;孝慈,则忠;举善而教不能,则劝。"（为政20）

【译文】 季康子问:"想让百姓恭敬、忠诚而又努力,该怎样去做呢?"孔子说:"以庄重的态度对待他们,他们就会恭敬;

显出孝慈情怀,他们就会忠诚;选用好人而又培养能力不足之人,他们就会努力。"

【点评】 民众是否"敬"和"忠",在于执政者自己是否庄重和孝慈。同样,民众是否努力,也在于执政者的引导。

3.25 子路问政。子曰:"先之,劳之。"请益。曰:"无倦。"（子路1）

【注释】 子路:姓仲名由,字子路,又字季路,鲁国人。孔子前期最重要的弟子之一。

【译文】 子路问如何管理政事。孔子说:"先于民众做出表率,勤勉为政带动大家。"子路请求再多讲一点。孔子说:"不要懈怠。"

3.26 子曰:"居上不宽,为礼不敬,临丧不哀,吾何以观之哉?"（八佾26）

【译文】 孔子说:"执政之人,待人不能宽厚,行礼不够严肃,吊丧也不悲哀,这种情况我怎么能看得下去呢?"

【点评】 这是对当政者的直接批评。孔子在当时也算得上是一位"持不同政见者"。

(六) 直言谏君

3.27 定公问:"一言而可以兴邦,有诸?"孔子对曰:"言不可以若是其几也!人之言曰:'为君难,为臣不易。'如知为君之难也,不几乎一言而兴邦乎?"

曰:"一言而丧邦,有诸?"孔子对曰:"言不可以若是其几也!人之言曰:'予无乐乎为君,唯其言而莫予违也。'如其善而莫之违也,不亦善乎?如不善而莫之违也,不几乎一言而丧邦乎?"（子路15）

【注释】 定公:鲁国国君,姓姬名宋,"定"是其谥号。他在位时,曾任孔子为大司寇,兼领相事执政。

【译文】 鲁定公问:"一句话就能兴国,有这样的事吗?"孔子答道:"大概没有这样的一句话吧!但有人说:'为君难,为臣不易。'如果真能懂得做一个君王的难处在哪里,这不就近乎于一句话就能兴国了吗?"鲁定公又问:"一句话可以亡国,有这样的事吗?"孔子回答说:"大概没有这样的一句话吧!但有人说:'我做君主没有什么快乐的,唯一高兴的事就是没有人敢于违抗我说的话。'如果说得对而无人违抗,这也还算好吧?如果说得不对而无人违抗,这不是就近乎于一句话可以亡国了吗?"

【点评】 仁者治国执政,首先遇到的问题就是君臣关系。君臣关系中,孔子强调的是"忠"。"忠"者,与"直言"相关,如"忠焉,能勿诲乎?"（宪问7）一国之兴,在于君主的明智,而一国之亡,总是由于群臣之中没有人敢讲真话。

3.28 子路问事君。子曰:"勿欺也,而犯之。"（宪问22）

【译文】 子路问怎样侍奉君主。孔子说:"不要欺骗,但可以犯颜直谏。"

【点评】 此章可以说是上一章"直言"主题的进一步说明。

（七）正名为先

3.29 子路曰："卫君待子而为政，子将奚先？"子曰："必也正名乎！"子路曰："有是哉？子之迂也！奚其正？"子曰："野哉，由也！君子于其所不知，盖阙如也。名不正，则言不顺；言不顺，则事不成；事不成，则礼乐不兴；礼乐不兴，则刑罚不中；刑罚不中，则民无所措手足。故君子名之必可言也，言之必可行也。君子于其言，无所苟而已矣。"（子路3）

【注释】 卫君：指卫出公，名辄，卫灵公之孙。卫灵公死后，因太子蒯聩被逐，其孙蒯辄继位。正名：确定名分。奚：什么。阙：同缺。

【译文】 子路问："卫国国君如果请先生去治理国家，您打算从哪些事情先做起呢？"孔子说："必先正名！"子路说："有这样做的吗？先生是不是太迂腐了！正什么名呢？"孔子说："子路太粗野了！君子对自己不知道的事情，还是不要乱说的好。名分不正，说出来的话就没有道理；说出的话没有道理，事情就难以办成；事情办不成，礼乐就不能兴盛；礼乐不能兴盛，刑罚就不会得当；刑罚不得当，百姓就会手足无措，不知该怎么办。因此，君子讲话一定要有适当的名分，讲出来的话一定要能行得通。君子对于自己所说的话，绝不能马马虎虎。"

【点评】 此章的背景是，子路将去卫国出仕从政，特向孔子请教。当时，卫出公正与自己的父亲蒯聩因王位的继承而出现冲突，孔子对此提出了自己的看法。孔子认为卫国的首要任务应该是"正名"。正名，就是将各自的社会角色确立起来，明确职责,不然,一个社会难以正常运转起来。

3.30 孔子曰:"天下有道,则礼乐征伐自天子出;天下无道,则礼乐征伐自诸侯出。自诸侯出,盖十世希不失矣;自大夫出,五世希不失矣;陪臣执国命,三世希不失矣。天下有道,则政不在大夫;天下有道,则庶人不议。"（季氏2）

【译文】 孔子说:"天下有道的时代,礼乐制作和出征讨伐之事,都由天子做主;天下无道的时代,礼乐制作和出征讨伐之事,都由诸侯做主。诸侯做了主,十代之后很少有不垮台的;大夫做了主,五代之后很少有不垮台的;家臣掌控了国政,三代之后很少有不垮台的。天下有道,国家大权就不会落到大夫手中;天下有道,百姓也就不会非议政治。"

【点评】 在孔子看来,一个国家的政治混乱,始于"名分"的混乱,也就是每个社会角色所应该承担的职责出现了越位和错位。

（八）举直选贤

3.31 哀公问曰:"何为则民服？"孔子对曰:"举直错诸枉,则民服;举枉错诸直,则民不服。"（为政19）

【注释】 哀公:姓姬名蒋,鲁国国君,"哀"是其谥号。在位期间,是孔子晚年归鲁之时。举直错诸枉:举,选拔;直,正直之人;错,同措,放置;枉,不正直之人。

【译文】 鲁哀公问:"如何才能让民众顺从呢？"孔子回答说:

"把正直之士提拔起来,置于不正之人之上,民众就会顺从;把不正之人提拔起来,置于正直之士之上,民众就会不服。"

【点评】 举直选贤,不仅是为了选拔有才能的治国人才,更是为民众树立能够效仿的榜样。

3.32 问知,子曰:"知人。"樊迟未达。子曰:"举直错诸枉,能使枉者直。"樊迟退,见子夏曰:"乡也,吾见于夫子而问知,子曰:'举直错诸枉,能使枉者直。'何谓也?"子夏曰:"富哉言乎!舜有天下,选于众,举皋陶,不仁者远矣;汤有天下,选于众,举伊尹,不仁者远矣。" (颜渊22)

【注释】 樊迟:姓樊名须,字子迟,鲁国人,孔子前期年轻的弟子。错,同"措",放置。子夏:姓卜名商,字子夏,晋国人,孔子后期重要弟子之一。乡:向,过去。皋陶:(gāo yáo):舜时掌握刑法的大臣。汤:商朝首位君主,名履。伊尹:汤时的宰相,曾助汤灭夏兴商。

【译文】 (樊迟)问到什么是智,孔子回答:"了解人。"樊迟还不明白。孔子说:"选拔正直之士,置于不正之人之上,就能使不正之人改邪归正。"樊迟退出后,见到子夏说:"刚才我见到夫子,问他什么是智,他说'选拔正直之士,置于不正之人之上,就能使不正之人改邪归正'。这是什么意思?"子夏说:"这话含义丰富呀!舜有天下,在众人中把皋陶选了出来,不仁之人就被疏远了。汤有天下,在众人中把伊尹选了出来,不仁之人就被疏远了。"

【点评】 此章与上一章主旨相同,强调举直选贤所具有的榜样效应,并以历史经验来验证。此章前面原还有樊迟问仁之句,另列。

3.33 仲弓为季氏宰，问政。子曰："先有司，赦小过，举贤才。"曰："焉知贤才而举之？"曰："举尔所知。尔所不知，人其舍诸？"（子路2）

【注释】 仲弓：姓冉名雍，字仲弓，鲁国人，孔子前期较年轻的弟子。季氏：季孙氏，鲁国的执政家族。有司：管理具体事务的小吏。

【译文】 仲弓要做季氏的家臣，问怎样管理政事。孔子说："为小吏们做出表率，赦免其小过错，选拔贤能之才。"仲弓又问："怎样知道谁是贤才而能将他们选拔出来呢？"孔子说："选拔你所熟知的。你不知道的贤才，别人难道还会埋没他们吗？"

【点评】 最后一句，讲如何选拔贤才，有不同解读。上博楚简有《仲弓》篇，孔子对这个问题的回答是"夫贤才不可掩也。举尔所知，尔所不知，人其舍之者"。有学者认为，此句不应是反诘句式，"诸"为"之者"之误，应三句连读，意思为，优秀人才不应被埋没。要举荐你熟悉的，也要举荐你不熟悉的以及被别人忽略的，亦通。（李零《丧家狗：我读论语》）

（九）欲速不达

3.34 子夏为莒父宰，问政。子曰："无欲速，无见小利。欲速则不达，见小利则大事不成。"（子路17）

【注释】 莒父：莒（jǔ），鲁国城邑。

【译文】 子夏要去做莒父之地的官长，问孔子怎样办理政事。

孔子说:"不要图快,不要贪求小利。图快反而达不到目的,贪求小利就做不成大事。"

【点评】 "欲速则不达"是孔子治国思想中的一个重要观点。为政的目的既然是为了仁政的实现,本身将会是一个漫长的过程。"欲速"自然"不达"。

3.35 子谓颜渊曰:"用之则行,舍之则藏,唯我与尔有是夫!"子路曰:"子行三军,则谁与?"子曰:"暴虎冯河,死而无悔者,吾不与也。必也临事而惧,好谋而成者也。"(述而11)

【注释】 暴虎:赤手搏虎。冯(píng)河:徒步过河。

【译文】 孔子对颜渊说:"用则出仕做事,不用就退而隐居,只有我和你能够做到这样吧!"子路问:"夫子如果统率三军,会和谁在一起共事呢?"孔子说:"赤手搏虎,徒步过河,死了都不后悔的人,我是不会和他在一起共事的。我愿意与之共事的,一定是遇事谨慎、深思多谋而能做成大事的人。"

【点评】 为政忌急,如同打仗,需要的不仅是勇猛,还要有谋略。

(十)其他

3.36 子曰:"不在其位,不谋其政。"(泰伯14)

【译文】 孔子说:"不在那个职位上,就不要考虑那个职位上的事情。"

【点评】 不同社会角色，会有不同的职责，越位就会造成政治的混乱。

3.37 或谓孔子曰："子奚不为政？"子曰："《书》云：'孝乎惟孝，友于兄弟，施于有政。'是亦为政，奚其为为政？" （为政21）

【注释】 或：有人。奚：为什么。《书》：《尚书》。

【译文】 有人问孔子："夫子为什么不从政呢？"孔子回答："《尚书》上说：'孝啊！孝敬父母，友爱兄弟。孝悌体现在政治生活中。'这也是政事了，还要怎样才算是从政呢？"

【点评】 孔子认为，即使不出仕为官，一个人也能从事政治。为人孝悌，将仁爱推广于大众，就是最大的政治。

3.38 子张问政。子曰："居之无倦，行之以忠。" （颜渊14）

【注释】 子张：姓颛孙名师，字子张，陈国人，孔子后期重要弟子之一。

【译文】 子张问如何管理政事。孔子说："在位时不能懈怠，执行政令时要忠实。"

3.39 子曰："射不主皮，为力不同科，古之道也。" （八佾16）

【注释】 皮：用兽皮制成的箭靶。科：等级。

【译文】 孔子说："射礼所比赛的，不是能否射穿箭靶，各人力气大小毕竟不同。这就是古代的射礼之道。"

【点评】 "射礼"的重点,不在射,在礼。同理,国之兴,不在武力,在礼乐。

3.40 子曰:"听讼,吾犹人也。必也,使无讼乎!"
(颜渊13)

【注释】 听讼(sòng):诉讼。

【译文】 孔子说:"审理案件,我同别人一样。一定要做的,是让民众根本没有诉讼!"

【点评】 治理国家的一项主要任务,就是审理案件,但仁政的理想是天下无案,没有人"上访"。

二、处世为人

仁者处世为人,关键是如何面对富贵、闻达,以及怎样交友、待人、入仕和闲居等。

(一) 富贵

3.41　子曰:"富与贵,是人之所欲也,不以其道得之,不处也。贫与贱,是人之所恶也,不以其道得之,不去也。君子去仁,恶乎成名?君子无终食之间违仁,造次必于是,颠沛必于是。"（里仁5）

【译文】　孔子说:"富有和显贵,是人人都想要的,不以正道而获得,就难以拥有;贫穷与低贱,是人人都厌恶的,不以正道而遭受,就无法摆脱。君子如果离开了仁,又如何称得上君子呢?君子就是一顿饭的时间也不能违背仁,紧迫仓促之时要如此,颠沛流离之日也要如此。"

【点评】　在孔子看来,人生的富贵贫贱,是"命",是"天意",也就是"生死有命,富贵在天"（颜渊篇）之意。君子所能做的,就是坚守正道,这样才能荣宠不惊,贫贱无怨。仁,是君子立身之本,无论在何种艰难困苦的情况下,都一刻不能背离。

3.42 子曰:"富而可求也,虽执鞭之士,吾亦为之。如不可求,从吾所好。"(述而12)

【注释】 执鞭之士:为君王挥鞭开路之人,指卑微的工作。

【译文】 孔子说:"如果财富可以求得,即使是为人执鞭开路这样的差事,我也可以去做。如果财富寻求不到,那还是追求我自己的爱好吧!"

【点评】 探讨的仍然是富贵问题。孔子面对富贵,态度是现实而坦然的,并有两手准备。

3.43 子曰:"饭疏食,饮水,曲肱而枕之,乐亦在其中矣。不义而富且贵,于我如浮云。"(述而16)

【注释】 疏食:粗粮。肱(gōng):胳膊。曲肱:弯着胳膊。

【译文】 孔子说:"吃粗粮,喝白水,弯着胳膊当枕头,快乐也就在其中了!以不义而获得富与贵,对我来说,就好像是天上的浮云一样。"

【点评】 面对富贵的另一方面,是能承受贫困。有时,抗拒富贵的诱惑不难,而在贫困中保持乐观则不易。

3.44 子贡曰:"贫而无谄,富而无骄,何如?"子曰:"可也,未若贫而乐,富而好礼者也。"子贡曰:"《诗》云:'如切如磋,如琢如磨',其斯之谓与?"子曰:"赐也,始可与言《诗》已矣,告诸往而知来者。"(学而15)

【注释】 赐:子贡之名。谄(chǎn):奉承。如切如磋,如琢如磨：《诗经·卫风·淇澳》中的诗句，指对玉石等材料要反复加工，才能成器。

【译文】 子贡说："贫穷而能不谄媚，富有而能不骄狂，怎么样？"孔子说："可以，但不如贫穷而快乐，富裕而好礼的人啊。"子贡说："《诗》上说：'如切如磋，如琢如磨'，是不是讲的就是这个道理？"孔子说："赐啊，可以开始同你讨论《诗》了。告诉你已知的事情，你已能推断后面的事情了。"

【点评】 如果富贵，不仅要"无骄"，更要"好礼"；如不能富贵，不仅要"不谄"，更要保持快乐。人的这种精神境界，不是与生俱来的，而是不断打磨锻造出来的。

3.45 子曰："贫而无怨，难；富而无骄，易。" （宪问10）

【译文】 孔子说："贫穷而不怨恨，难；富裕而不狂傲，易。"

【点评】 此章与上一章主旨相同。在贫富问题上，人性最容易显现。

3.46 子曰："笃信好学，守死善道。危邦不入，乱邦不居。天下有道则见，无道则隐。邦有道，贫且贱焉，耻也；邦无道，富且贵焉，耻也。" （泰伯13）

【译文】 孔子说："坚定信念，努力学习，至死坚守'大道'。危险之邦不要进入，动乱之国不要居住。天下有道就出仕为官；天下无道就隐居不出。国家有道而贫贱，是耻辱；国家无道而富贵，也是耻辱。"

【点评】 富贵可以寻求，但有基本原则，就是看国家有道还是无道。

(二) 闻达

3.47 子张问:"士何如斯可谓之达矣?"子曰:"何哉?尔所谓达者?"子张对曰:"在邦必闻,在家必闻。"子曰:"是闻也,非达也。夫达也者,质直而好义,察言而观色,虑以下人。在邦必达,在家必达。夫闻也者,色取仁而行违,居之不疑。在邦必闻,在家必闻。"（颜渊20）

【注释】 达:显达。闻:有名声。

【译文】 子张问:"士要如何才能称为达呢?"孔子说:"你说的达是什么意思?"子张回答:"在诸侯国里有名声,在大夫家中也有名声。"孔子说:"这只是闻,不是达。达是品德正直,爱好礼义,还能察言观色,谦恭待人。这样的人,在诸侯国里可以称为达,在大夫家中也可以称为达。至于闻,只是外表有仁的样子,行为上却常常违背,自己还以仁人自居,从不自省。这样的人,在诸侯国里可以称为闻,在大夫家中也可以称为闻。"

【点评】 富贵之外,闻达是人生需要面对的另一个问题。在孔子看来,达,是表里如一,名副其实;而闻,是言行不一,徒有虚名。君子追寻前者,小人只求后者。达者,近仁;闻者,远仁。

3.48 子曰:"不患人之不己知,患不知人也。"（学而16）

【注释】 患:忧虑、担心。

【译文】 孔子说:"不担心别人不了解自己,只怕自己不了解别人。"

【点评】 不达不闻之时,君子要能守得住寂寞。君子只怕自己的品德和才能还不够好，却从不担心别人是否了解自己。此章的主旨，孔子曾反复强调，下面几章的意思几近相同。

3.49 子曰："不患人之不己知，患其不能也。"（宪问 30）

【译文】 孔子说："不担心别人不了解自己，只怕自己没有本事。"

3.50 子曰："不患无位，患所以立。不患莫己知，求为可知也。"（里仁 14）

【译文】 孔子说："不怕没有官位，只怕自己没有安身立命的本领。不怕没有人了解自己，只求自己能有值得他人尊敬的知识。"

3.51 子曰："贤者辟世，其次辟地，其次辟色，其次辟言。"子曰："作者七人矣。"（宪问 37）

【注释】 辟：同避，躲避。

【译文】 孔子说："贤人躲避动乱之世，其次，躲避动乱之地，再次，躲避他人难看之色，再次，躲避别人难听之言。"孔子又说："这样做的贤人已经有七个了。"

【点评】 这是贤者的处世方略，如逢乱世，不求富贵，不求闻达，只求隐居而独善其身。

3.52 孔子曰："见善如不及，见不善如探汤。吾见其人矣，吾闻其语矣。隐居以求其志，行义以达其道。吾闻其语矣，未见其人也。"（季氏 11）

【注释】 探汤：用手触摸滚开的水。

【译文】 孔子说："看到善行，就立即追赶，看到不好的行为，就像手入沸水一样赶快躲开。我见到过这样的人，也听到过这样的话。以隐居避世来保全自己的志向，循义行事来贯彻自己的主张。我听到过这种话，却没有见到过这样的人。"

【点评】 趋善避恶，是人的本性之一，不难做到。隐于乱世而志向不改，需要意志力，并不容易做到。

（三）为士

3.53 子贡问曰："何如斯可谓之士矣？"子曰："行己有耻，使于四方，不辱君命，可谓士矣。"曰："敢问其次？"曰："宗族称孝焉，乡党称弟焉。"曰："敢问其次？"曰："言必信，行必果。硁硁然，小人哉！抑亦可以为次矣。"曰："今之从政者何如？"子曰："噫！斗筲之人，何足算也！"（子路20）

【注释】 硁硁（kēng）：击石之声，形容顽固。斗筲（shāo）：竹器，容一斗二升。比喻器量狭小。

【译文】 子贡问道："怎样做才可以称为士？"孔子说："做事有羞耻之心，出使各国，能完成君主交付的使命，这样就可以称为士了。"子贡说："敢问次一等的呢？"孔子说："宗族里的人称赞他的孝顺，乡亲们称赞他尊敬兄长。"子贡又问："敢问再次一等的呢？"孔子说："说到就一定能做到，做事就一定能做成。顽固不化得像石头，那是小人啊，但也可以说是再次一等的士了。"子贡说："当今执政者如何呢？"孔子说："噢！都是一些器量狭小之人,哪里算得上士呢?"

【点评】"士"是周代贵族中的最低阶层,仅高于"民"。如果一个人做不了君子,至少可以好好做一个"士"。这里孔子和子贡讨论的是,"士"在不同层次的行为标准。值得注意的是,君子可以为士,小人亦可为士。

3.54 子路问曰:"何如斯可谓之士矣?"子曰:"切切偲偲,怡怡如也,可谓士矣。朋友切切偲偲,兄弟怡怡。"(子路28)

【注释】偲偲(sī):勉励、督促之状。怡怡(yí):和气、亲切之状。

【译文】子路问孔子道:"怎样做才可以称为士呢?"孔子说:"相互切磋,相互促进,相处快乐,就可以称为士了。朋友之间互相勉励,兄弟之间相处快乐。"

3.55 子曰:"士而怀居,不足以为士矣!"(宪问2)

【注释】怀居:留恋家居。

【译文】孔子说:"士太留恋安居生活的话,就成不了士!"

【点评】孔子还说过:"小人怀土。"(里仁11)看来,士不可过于怀乡恋家,而"宅男"不可以为士。

3.56 子曰:"士志于道,而耻恶衣恶食者,未足与议也。"(里仁9)

【译文】孔子说:"有志于道的士,如果以吃穿不好为耻,那就不值得与他一起谈论道。"

【点评】 真正的有志之士,大概不会过于讲究吃穿。

(四)入仕

3.57 子贡曰:"有美玉于斯,韫椟而藏诸?求善贾而沽诸?"子曰:"沽之哉!沽之哉!我待贾者也!"(子罕13)

【注释】 韫(yùn):藏。椟(dú):柜子。 善贾:好的价钱。沽:卖出去。

【译文】 子贡问:"有一块美玉,是藏在柜子里呢,还是寻个好价钱卖掉呢?"孔子说:"卖掉它!卖掉它!我正等待着识货之人呢!"

【点评】 入仕是仁者的人生必经之路。仁者虽有治国方略,但天下是君王的。在这一点上,孔子是很现实的,不为君王所用,仁者的治国方略是没有机会施展的。

3.58 樊迟请学稼,子曰:"吾不如老农。"请学为圃,曰:"吾不如老圃。"樊迟出,子曰:"小人哉,樊须也!上好礼,则民莫敢不敬;上好义,则民莫敢不服;上好信,则民莫敢不用情。夫如是,则四方之民,襁负其子而至矣,焉用稼!"(子路4)

【注释】 稼:种粮。 圃(pǔ):种菜。 襁(qiǎng):背篓。

【译文】 樊迟向孔子请教如何种庄稼。孔子说:"我不如老农。"又请教如何种菜。孔子说:"我不如老菜农。"樊迟退出以后,孔子说:"真是小人啊,这个樊迟!执政者要是重视礼,民众就不敢不敬畏;执政者要是重视义,民众就不敢不服从;执政者要是重视信,民众就不敢不诚实。若做到了这些,四面八方的百姓都会背着自己的孩子来投奔,哪里用得着自己去种粮种菜呢?"

【点评】 这一章里,孔子对樊迟人生道路的选择进行了批判。在孔子看来,君子的职责是行仁政于天下,而不是种粮种菜。一个受了多年教育的君子,应当去做治理工作,而不是从事具体劳作。其实,樊迟想学种粮种菜也没错,一个连种粮种菜都不懂的人,大概也治理不好国家。两千多年后的毛泽东就是这样认为的。

3.59 子张学干禄。子曰:"多闻阙疑,慎言其余,则寡尤;多见阙殆,慎行其余,则寡悔。言寡尤,行寡悔,禄在其中矣。" (为政18)

【注释】 干禄:谋求官职;干,求;禄,俸禄。尤:过错。

【译文】 子张想学如何谋取官职。孔子说:"多听,有疑之处先放下不说,其余有把握的事情,要谨慎地说出来,这样可以少犯错误;多看,有疑之处先放下不做,其余有把握的事情,也要谨慎地去做,这样就能减少后悔。说话少犯错,做事少后悔,官职俸禄就在其中了。"

【点评】 慎言,慎行,是求官之道,也是为官之道。

3.60 子曰:"事君,敬其事而后其食。" (卫灵公38)

【译文】 孔子说:"为君主做事,先履行职责,后享用俸禄。"

【点评】 君子为官,也有自己的职业道德。

3.61 子曰:"三年学,不至于穀,不易得也。" (泰伯12)

【注释】 穀:禄米。

【译文】 孔子说:"读书三年,还没有出仕领取俸禄,以后当官就更不易了。"

3.62 子曰:"邦有道,危言,危行;邦无道,危行,言孙。" (宪问3)

【注释】 孙:同逊。

【译文】 孔子说:"邦国有道,可以直言,直行;邦国无道,还要直行,但要慎言。"

【点评】 入仕之后,君子仍要坚持自己的操守,也要有自己的权衡判断。

3.63 宪问耻。子曰:"邦有道,穀;邦无道,穀,耻也。" (宪问1)

【注释】 宪:姓原名宪,字子思,鲁国人,孔子前期较年轻的弟子。穀:禄米。

【译文】 原宪问孔子什么是耻。孔子说:"国家有道,当官拿俸禄;国家无道,还当官拿俸禄,这就是耻啊!"

【点评】 同样的意思,孔子另外说过:"邦无道,富且贵焉,耻也。"(泰伯13)此章原文后面,原还有"克、伐、怨、欲"句,另列。

（五）尊师

3.64　子曰："当仁，不让于师。"（卫灵公36）

【译文】　孔子说："如果事关于仁，就是面对老师，也不必谦让。"

【点评】　孔子倡导尊师，但将"仁"置于更高的位置，有"吾爱吾师，吾更爱仁义"之意。

3.65　师冕见。及阶，子曰："阶也。"及席，子曰："席也。"皆坐，子告之曰："某在斯。某在斯。"师冕出，子张问曰："与师言之道与？"子曰："然，固相师之道也。"（卫灵公42）

【注释】　师冕：乐师，名字为冕。相：助。

【译文】　乐师冕来见孔子。走到台阶前，孔子提醒道："这儿是台阶。"走到坐席旁，孔子提醒道："这里是坐席。"大家坐好后，孔子又告诉他："某某在此。某某在此。"师冕走后，子张就问孔子："这就是与乐师谈话之道吗？"孔子说："是的，这是尊师之道。"

【点评】　古时乐师多为盲人。孔子的尊师，不仅是尊重自己的老师，同时，也尊重所有以教学为职的人。

3.66　子曰："自行束脩以上，吾未尝无诲焉。"（述而7）

【注释】　束脩：十条干肉。这是孔子要求弟子拜师时的见面礼，作为学费。另有将"束脩"解释为"束带修饰"，指男子年龄达到十五岁（钱穆《论语新解》）。这里取前者。

【译文】　孔子说："只要愿意带着十条干肉来拜见我的人，我从来没有不给他教诲的。"

【点评】 孔子一生以教师为业,并以此谋生,可以说是中国历史上第一位民办教师。

3.67 子曰:"有教无类。" （卫灵公39）

【译文】 孔子说:"所有人都可以接受教育,不分种类。"

【点评】 作为中国历史上第一位职业教师,孔子收徒时,可以说是来者不拒,不问贵贱,不问贫富,不问政治倾向,颇具平等意识。在孔子看来,教育的最终目的,是为了激发人的仁爱之心,他又怎么能拒绝一个求仁之人呢？

(六) 交友

3.68 子曰:"道不同,不相为谋。" （卫灵公40）

【译文】 孔子说:"道路不同,就不要在一起相谋共事。"

【点评】 交友的首要原则是"同道",道若不同,则难以相处,而道者,就是对仁的共同向往。

3.69 子曰:"里仁为美。择不处仁,焉得知？" （里仁1）

【注释】 里仁为美:与仁者为邻最好。知(zhì):同智。

【译文】 孔子说:"与仁者为邻最好。如果不与仁者住在一起,怎么能算明智呢？"

3.70 孔子曰:"益者三友,损者三友。友直,友谅,友多

闻，益矣；友便辟，友善柔，友便佞，损矣。"（季氏4）

【注释】 谅：诚信。便辟：谄媚。善柔：令色。便佞：巧言。

【译文】 孔子说："有益的朋友有三种，有害的朋友有三种。同正直的人交友，同诚信的人交友，同见识广博的人交友，是有益的；同谄媚逢迎之人交友，同伪装友善之人交友，同花言巧语之人交友，是有害的。"

【点评】 交友要有选择。益友引人向善，损友使人堕落。其实，益友就是君子，损友便是小人。

3.71 子曰："不得中行而与之，必也狂狷乎？狂者进取，狷者有所不为也。"（子路21）

【注释】 中行：合乎中庸的行为。

【译文】 孔子说："不能与行为合乎中庸之道的人交往，必定是与狂者、狷者相交了？狂者积极进取，狷者有所不为。"

【点评】 人之处世为人，大抵分为三类：中行、狂、狷。交友，以与行为中庸者为最好，但狂狷之友，亦有益处。狂者积极进取，激励人天天向上；狷者有所不为，让人懂得洁身自好。

3.72 子曰："主忠信。毋友不如己者。过则勿惮改。"（子罕25）

【译文】 孔子说："为人以忠信为主，不要与比自己还差的人为友。有了过错就不要怕改正。"

【点评】 交友的原则之一就是不与比自己差的人交往。这话听起来有些世故，但这里的好坏标准，不是富贵、权势，而是对仁的觉悟程度。同样的文字，亦见于"学而篇"。

3.73 子曰："可与共学，未可与适道；可与适道，未可与立；可与立，未可与权。"（子罕30）

【注释】 适道：求道之意。立：有所成就。权：权衡。

【译文】 孔子说："可以一起学习的人，未必能一起求道；能一起求道的人，未必能一起有所成就；能一起有所成就的人，未必能一起权衡应变。"

【点评】 交友不可太苛刻，而朋友是有阶段性的。

3.74 子曰："中人以上，可以语上也；中人以下，不可以语上也。"（雍也21）

【译文】 孔子说："才智中等之人，可以与他谈论高深之事；才智中等以下之人，不可以与他谈论高深之事。"

【点评】 孔子认为人的智力是有差别的，一些高深的道理，不是所有人都能理解的。交友之时，要有辨别和选择，而交往之时，也要分别相待。

3.75 子曰："可与言而不与之言，失人；不可与言而与之言，失言。知者不失人，亦不失言。"（卫灵公8）

【译文】 孔子说："可以交谈之人，却没有同他交谈，这就是失人；不可交谈之人，却同他交谈，这就是失言。智者能够做到既不失人，又不失言。"

【点评】 失人和失言，是交友时常犯的两个错误。

3.76 子贡问友。子曰:"忠告而善道之,不可则止,毋自辱焉。" (颜渊23)

【译文】 子贡问交友之道。孔子说:"忠言相劝,好好引导,不听也就罢了,不可自取其辱。"

【点评】 友情再深,也是有界限的。劝告朋友,要适可而止。

3.77 朋友死,无所归,曰:"于我殡。" (乡党22)

【注释】 殡:丧葬之事。

【译文】 朋友死了,若是无人负责后事,孔子会说:"由我来办理丧事吧。"

(七) 识人

3.78 子曰:"众恶之,必察焉;众好之,必察焉。" (卫灵公28)

【译文】 孔子说:"大家都厌恶的人,必须自己考察一下;大家都喜欢的人,也要自己考察一下。"

【点评】 无论治国从政,还是为人处世,识人都很重要。孔子强调亲自考察,而不要轻信旁人之言,即使是"群众之言"。下一章说明了理由。

3.79 子贡问曰:"乡人皆好之,何如?"子曰:"未可也。""乡人皆恶之,何如?"子曰:"未可也。不如乡人之善者好之,其不善者恶之。" (子路24)

【译文】 子贡问："乡里的人都喜欢他，这个人怎么样？"孔子说："还不能肯定。"子贡又问："乡里的人都厌恶他，这个人怎么样？"孔子说："也还不能肯定。最好是乡里的好人都喜欢他，乡里的坏人都厌恶他。"

【点评】 判断一个人好坏的最好办法，不是看是否大家一致说好，而是看是不是好人说好，坏人说坏。

3.80 子曰："视其所以，观其所由，察其所安。人焉廋哉？人焉廋哉？" （为政10）

【注释】 廋（sōu）：隐藏。

【译文】 孔子说："察看一个人所作所为之动机，察看他所来所往之道路，再察看他安于什么和不安于什么。这样的话，一个人还能隐藏得住什么呢？一个人还能隐藏得住什么呢？"

【点评】 此章提出了对一个人考察时的三个要点：行为动机、个人经历和精神追求。

3.81 子曰："苗而不秀者，有矣夫！秀而不实者，有矣夫！" （子罕22）

【注释】 秀：稻、麦等庄稼抽穗扬花。

【译文】 孔子说："庄稼出苗而不抽穗、扬花，这种情况有啊！抽穗扬花而不成熟、结果，这种情况也有啊！"

【点评】 苗而不秀者，容易看清；而秀而不实者，常令人眼花。

3.82 子曰："如有周公之才之美，使骄且吝，其余不足

观也已。"（泰伯11）

【译文】 孔子说："即使有周公那样的才能和美质，如果骄傲自大而又吝啬小气，那其他方面的优点也就不值得一看了。"

【点评】 人非"完人"，不可能完美，但有些缺点可以有，有些则不能有，如"骄"和"吝"。

3.83 子曰："唯上知与下愚不移。"（阳货3）

【注释】 知：同智。

【译文】 孔子说："只有上等的智者与下等的愚人，是无法改变的。"

【点评】 这也是孔子广受争议的言论之一。其实，承认人的智力有高低，本没有什么可争议的，问题在于"不移"。如果"上智"和"下愚"是指社会阶层，这句话听起来像是在维护永恒的等级社会；如果是指一个人的智力水平，那也就是说，教育在改变人的智商方面，仍是有所局限的。

3.84 子曰："后生可畏，焉知来者之不如今也？四十、五十而无闻焉，斯亦不足畏也已。"（子罕23）

【译文】 孔子说："年轻人值得敬畏，怎么就知道下一代不如上一代呢？如果到了四五十岁时还默默无闻，也许就没有什么可敬畏的了。"

【点评】 孔子显然持有"社会进化"的观点。虽然坚信社会是"古代的"好，但他认为人还是一代比一代强。将对一个人最终判断的年限，放在四五十岁，考虑到古时人类寿命较短，应该算是很宽容了。

3.85 子曰:"年四十而见恶焉,其终也已!" (阳货26)

【译文】 孔子说:"到了四十岁时,还被人所厌恶,这个人的一生也就算是完了。"

【点评】 孔子说过"四十不惑"。到了四十岁,善者自然坚定了,而不善者也就很难改了。

3.86 子曰:"唯女子与小人为难养也!近之则不孙,远之则怨。" (阳货25)

【注释】 孙:同逊。

【译文】 孔子说:"只有女子和小人最难教养!亲近他们,他们就会不恭;疏远他们,他们就会抱怨。"

【点评】 这又是孔子最受争议的言论之一。将女子和小人同论,表现出轻视女性的态度。不过,这句话里也有着一定的真实。男女之间的亲密,更接近于小人之间的"甜如蜜",而不像君子之间的"淡如水"。在如何正确对待女性的问题上,孔子显然"政治不正确",也不够成熟。

3.87 子曰:"色厉而内荏,譬诸小人,其犹穿窬之盗也与?" (阳货12)

【注释】 荏:虚弱。窬(yú):洞。

【译文】 孔子说:"外表威严而内心怯懦,若用小人来比喻的话,属于挖墙钻洞的盗贼一类吧?"

3.88 子曰:"鄙夫可与事君也与哉?其未得之也,患得之；既得之，患失之。苟患失之，无所不至矣。"

（阳货 15）

【译文】 孔子说："怎能和品行卑下者一起侍奉君主？没有得到时，总担心得不到；得到之后，又担心会失去。一旦真的害怕失掉什么时，那就什么事都干得出来了。"

【点评】 为"患得患失"者画像。重要的是最后一句，世上许多坏事，都是不太坏的人在"患失之"的情况下做出的。

（八）做人

3.89　子曰："性相近也，习相远也。"（阳货 2）

【译文】 孔子说："人的本性是相近的，只是由于习俗相异而变得越来越不同。"

【点评】 人的本性相同，最终成为一个什么样的人，都是后天自己"做人"做出来的结果。因此，人之求仁，就是要学会怎样"做人"。

3.90　子曰："人之生也直，罔之生也幸而免。"（雍也 19）

【注释】 罔：不直。

【译文】 孔子说："人的一生要靠正直安身立命，不正之人能够存活，只是侥幸地躲避了灾祸。"

【点评】 为人正直，应该是生存的第一准则。

3.91　子路问成人。子曰："若臧武仲之知，公绰之不欲，卞庄子之勇，冉求之艺，文之以礼乐，亦可以为成人矣。"曰："今之成人者，何必然？见利思义，见危授命，久要不忘平生之言，亦可以为成人矣。" (宪问12)

【注释】 成人：完美之人。 臧武仲：姓臧孙名纥，鲁国大夫。公绰：即孟公绰，鲁国大夫，孔子敬重的先贤。卞庄子：鲁国大夫，居卞邑。久要：长久处于穷困之中。

【译文】 子路问怎样才能成为完美之人。孔子说："如果具有臧武仲的智慧，孟公绰的无欲，卞庄子的勇敢，冉求的才艺，再通过学习礼乐以加强文采，也就可以算是完美之人了。"又说："现在的完美之人，何必一定如此呢？见利而能思义，遇险而敢于牺牲，久处于穷困之中而不忘平生所立之诺言，这样也可以成为完美之人啊！"

【点评】 完美之人，不但应有智慧、品德和才艺，更重要的，需要有"见利思义"之心。

3.92 子张问行。子曰："言忠信，行笃敬，虽蛮貊之邦，行矣。言不忠信，行不笃敬，虽州里，行乎哉？立，则见其参于前也；在舆，则见其倚于衡也；夫然后行。"子张书诸绅。 (卫灵公6)

【注释】 蛮貊（mò）：对外族的贬称，蛮在南，貊在北。参：显现。衡：车辕前的横木。绅：贵族系在腰间的大带。

【译文】 子张问做人、做事如何才能行得通。孔子说："说话要忠诚可信，行事要踏实敬业，这样的话，即使到了蛮夷之地，也能行得通。说话不忠诚可信，行事不踏实敬业，就是在本乡本土，能行得通吗？站着的时候，要感觉这些要求在眼前显现；坐在车上，要好像看到这些要求刻在了车辕前的横木上。这样就可以到处都行得通了。"子张把这些话书写在了自己系在腰间的大带上。

3.93　子曰："人能弘道，非道弘人。"（卫灵公29）

【译文】　孔子说："人可以弘扬道，道不可以用来弘扬人。"

【点评】　道与人的关系。道是目的，不是手段。一生可以"弘道"，却不可以借"道"求名谋利。

3.94　子曰："躬自厚而薄责于人，则远怨矣。"（卫灵公15）

【译文】　孔子说："多要求自己而少责备别人，这样就远离怨恨了。"

【点评】　孔子另外说过："君子求诸己，小人求诸人。"（卫灵公21）主旨相同。

3.95　子曰："放于利而行，多怨。"（里仁12）

【注释】　放（fǎng）：依据。

【译文】　孔子说："只为利益而行动，就会招来许多怨恨。"

【点评】　做人不能只以利益的追求为原则。追求利益，必然会导致人与人之间的冲突。能协调和避免这种利益冲突的，是基于仁的礼。

3.96 子曰:"不逆诈,不亿不信,抑亦先觉者,是贤乎?"(宪问31)

【注释】 逆:预测。亿:"臆",猜测之意。

【译文】 孔子说:"不事先怀疑别人欺诈,也不凭空猜测别人不诚信,而能很早就察觉出别人的欺诈和不诚信,这就是贤人了吧?"

【点评】 贤者忠厚,但并不犯傻。仁者亦是智者。

3.97 子曰:"人无远虑,必有近忧。"(卫灵公12)

【译文】 孔子说:"人没有长远的考虑,一定会有眼前的忧患。"

【点评】 人生经验之谈。无"远虑"时,会有"近忧";有"近忧"时,更需"远虑"。

(九)好德

3.98 子曰:"吾未见好德如好色者也。"(子罕18)

【译文】 孔子说:"我从来没有见过喜好仁德如同喜好美色的人。"

【点评】 如果说"好德"是人性的一部分,就应该像"好色"一样自然,但令孔子困惑的是,人之"好德",需要相当努力,从未像"好色"那样容易。好德和好色,显然不是同一个层次上的人性需求。

3.99 子曰:"已矣乎!吾未见好德如好色者也!"(卫灵公13)

【译文】 孔子说:"真是完了,我从来没有见过喜好仁德如同喜好美色一样的人啊!"

【点评】 此句两见《论语》,不知是弟子两记,还是孔子感叹再三。"色"对人的吸引力远强于"德",这也许是孔子推行"仁"时所遇到的最大挑战。

3.100 子曰:"由,知德者鲜矣!" (卫灵公 4)

【注释】 由:即仲由,子路之名。

【译文】 孔子说:"仲由啊,懂得德的人真是太少了啊!"

3.101 子曰:"德不孤,必有邻。" (里仁 25)

【译文】 孔子说:"有德之人不会孤单,必有同道之人相伴。"

3.102 子曰:"骥不称其力,称其德也。" (宪问 33)

【注释】 骥:千里马。古代称善跑的马为骥。

【译文】 孔子说:"千里马值得称赞的不是其气力,而是称赞其品德。"

【点评】 以马喻人,品德重于能力。

3.103 子曰:"乡原,德之贼也!" (阳货 13)

【注释】 乡原:即乡愿,指貌似忠厚而不辨是非之人。

【译文】 孔子说:"只求和气而不辨是非之人,实在是败坏道德的人啊!"

【点评】 君子不是老好人,要和小人斗争到底。

3.104 或曰:"以德报怨,何如?"子曰:"何以报德?以直报怨,以德报德。"(宪问34)

【译文】有人问:"用恩德来回报怨恨怎么样?"孔子说:"那用什么来回报恩德呢?应该是用正直来回报怨恨,用恩德来报答恩德。"

【点评】仁者爱人,并非一视同仁。对仇敌或小人,要以直报怨,而不要以德报怨,就是例证。

3.105 子曰:"南人有言曰:'人而无恒,不可以作巫医。'善夫!'不恒其德,或承之羞。'"子曰:"不占而已矣。"(子路22)

【注释】巫医:用卜筮为人治病的人。占:占卜。

【译文】孔子说:"南方人有句话说:'人如果没有恒心,就当不了巫医。'说得好啊!'人没有恒心来长久保持自己的德行,也难免要遭受耻辱。'"孔子又说:"这一点,用不着占卦就算得出来。"

【点评】此章是孔子对两句古语的评论。前一句是南方俗语,说做事要有恒心;后一句是《易经》里的句子,强调永久保持德行的重要。孔子由前一句想到了后一句,由此发出感叹。

(十)慎言

3.106 子曰:"古者言之不出,耻躬之不逮也。"(里仁22)

【注释】躬:自身。逮(dài):达到。

【译文】孔子说:"古人的话不轻易说出口,是怕因自己做不到而羞耻啊。"

【点评】慎言一直被孔子视为君子的美德之一。慎言的根本原因是"信"——说到一定就要做到。

3.107 子曰:"其言之不怍,则为之也难!"（宪问20）

【注释】怍(zuò):惭愧。

【译文】孔子说:"说话时大言不惭,那么实现时一定就会很困难。"

【点评】此章像是上一章的继续发挥。言过其实之人,到时一定无法兑现。

3.108 子曰:"辞达而已矣。"（卫灵公41）

【译文】孔子说:"言辞只要能表达意思就可以了。"

【点评】慎言的另一层意思,对君子而言,就是"讷于言"。孔子对"巧言"深为痛恨,认为"辞达"就可以了。

3.109 子曰:"巧言乱德。小不忍则乱大谋。"（卫灵公27）

【译文】孔子说:"花言巧语会扰乱人的品德,小事不忍则会败坏大的谋略。"

【点评】"巧言"之坏,在于"乱德",正如小的"不忍",会扰乱大的谋略。为人处世,之所以要"慎言",不仅是为了免祸,更是为了保持自己的品德。

3.110 子曰:"恶紫之夺朱也,恶郑声之乱雅乐也,恶利口之覆邦家者。"（阳货18）

【译文】孔子说:"我厌恶用紫色取代红色,厌恶用郑国靡靡之音扰乱雅乐,厌恶用伶牙俐齿来颠覆邦国家族之人。"

【点评】"巧言"不仅乱德,还会坏礼,更会祸国。

3.111 子曰:"道听而涂说,德之弃也!"（阳货14）

【注释】涂:同途。

【译文】孔子说:"路上听到传言就沿途传播,这不是道德的行为啊!"

【点评】"慎言"不仅是说话谨慎,听话也要小心。对各类流言,不信不传,是君子之德。

3.112 子张问明。子曰:"浸润之谮,肤受之愬,不行焉,可谓明也已矣。浸润之谮,肤受之愬,不行焉,可谓远也已矣。"（颜渊6）

【注释】谮（zèn）:谗言。愬（sù）,诽谤。

【译文】子张问怎样做才算明察。孔子说:"像水一样渗透的暗中谗言,如切肤之痛那样的直接诽谤,在你那里行不通,就可以算是明察了。像水一样渗透的暗中谗言,如切肤之痛那样的直接诽谤,在你那里行不通,就可以算是有远见了。"

【点评】"慎言"就是不说"巧言",不信传言,还能识别谗言。

（十一）闲居

3.113 子曰："群居终日，言不及义，好行小慧，难矣哉！"（卫灵公17）

【译文】孔子说："整天聚在一起，谈的说的毫不涉及道义，还喜欢卖弄小聪明，这种日子真是难过呀！"

【点评】人生大部分时间是在闲居中度过的，如何闲居，是君子面对的实际问题。孔子看到许多人的时光都在无所事事中虚耗，深感痛惜。

3.114 子曰："饱食终日，无所用心，难矣哉！不有博弈者乎？为之犹贤乎已。"（阳货22）

【译文】孔子说："整天吃饱了饭，什么心思也不用，这日子真是太难过了！不是还能下棋吗？下下棋也比总是闲着好。"

【点评】孔子认为，与其虚耗光阴，不如学学下棋。人的一生，总该追求点什么，不能闻道，至少可以学艺。

3.115 子曰："不曰'如之何，如之何'者，吾末如之何也已矣。"（卫灵公16）

【注释】如之何：怎么办？

【译文】孔子说："不说'怎么办，怎么办'的人，我对他也不知该怎么办才好。"

【点评】此章说的好像是那些凡事不爱动脑子的人，就是上一章中所说的"无所用心"之人。对于这样的人，连孔子这样的

"至圣先师"也感到没有办法,难以教育。

3.116 孔子曰:"益者三乐,损者三乐。乐节礼乐,乐道人之善,乐多贤友,益矣;乐骄乐,乐佚游,乐宴乐,损矣。"(季氏5)

【译文】孔子说:"有益的爱好有三种,有害的爱好有三种。爱好以礼乐调节自己的身心,爱好称赞别人的长处,爱好与贤德之士为友,是有益的;喜好骄狂,喜好游乐,喜好宴饮,是有害的。"

【点评】孔子明确给出了闲居时有益和有害的娱乐生活。

〖例证篇第四〗

一、评价弟子

孔子通过对众多弟子的评论,特别是对颜渊、子路和子贡的赞许和批评,指出如何才能达到"仁"的境界。

(一)颜渊

4.1 子曰:"贤哉,回也!一箪食,一瓢饮,在陋巷,人不堪其忧,回也不改其乐。贤哉,回也!"(雍也 11)

【注释】 颜回:姓颜名回,字渊,鲁国人,孔子前期最重要的弟子之一,对孔子思想理解最深,也最得孔子喜爱,不幸早逝。箪(dān):古时盛饭的竹器。

【译文】 孔子说:"多么贤德啊,颜回这个人!一箪粗饭,一瓢清水,居住在陋巷,别人都为这难以忍受的穷困贫苦而忧烦,颜回却不改自己的乐趣。多么贤德啊,颜回这个人!"

【点评】 颜回是孔子最心爱的弟子,也是最能领会孔子思想的学生。孔子认为,颜回几乎到达了"仁"的境界,在他身上,集合了仁者具有的所有优点,并直接体现出了"仁"的各种特质。孔子对颜回的称赞,也就是对"仁"的颂扬。

4.2 子曰:"回也,其心三月不违仁,其余则日月至焉而已矣。"（雍也7）

【译文】 孔子说:"颜回啊,他的心可以连续三个月而无一刻背离仁德,其余弟子则只能坚持一日或一月而已。"

【点评】 颜回的另一可贵之处,在于对"仁"的坚持。"三月不违仁",不仅是行动上,而且在内心中,这是一般人无法达到的境界。

4.3 子曰:"吾与回言终日,不违如愚。退而省其私,亦足以发,回也不愚!"（为政9）

【译文】 孔子说:"我整天给颜回讲学,他从来不提什么疑问,好像有点愚笨。退下之后,他私下反省,却常有令人有所启发的意见。颜回并不愚笨啊!"

【点评】 颜回有君子"慎言"的特点,这一点孔子深为赞赏,但他也不希望弟子太笨,毫无创见。

4.4 子曰:"回也,非助我者也?于吾言,无所不说。"（先进4）

【译文】 孔子说:"颜回啊,不是来帮助我的人吧?他对我说的话,全都心悦诚服。"

【点评】 此章主旨与上一章相同,只不过是以批评的口吻来赞叹颜回对自己思想的全面接受。

4.5 子曰:"语之而不惰者,其回也与?" （子罕20）

【译文】 孔子说:"听我讲学而毫不倦怠的,恐怕只有颜回一人吧？"

【点评】 孔子以好学而闻名,颜回之好学,恐怕也不让于师。孔子如此喜爱颜回,一定是在颜回身上看到了自己。

4.6 子谓颜渊曰:"惜乎！吾见其进也,未见其止也！" （子罕21）

【译文】 孔子评论颜渊说:"可惜呀！我只看到他不断前进,从来没有见他停下来过。"

【点评】 这可能是孔子晚年回忆起早逝的颜回而发出的感叹。颜回留给他最深的印象,是其好学不倦的精神。

4.7 季康子问:"弟子孰为好学？"孔子对曰:"有颜回者好学,不幸短命死矣！今也则亡。" （先进7）

【注释】 季康子:姓季孙名肥,鲁国大夫,"康"是其谥号。他执政时,曾召回在外周游的孔子,但终未能用。

【译文】 季康子问孔子:"您的弟子中谁最为好学呢？"孔子回答说:"有一个叫颜回的弟子,非常好学,不幸短命死了。现在没有像他那样好学的弟子了。"

【点评】 孔子心目中,颜回是众多弟子中最好的学生,也是最为好学的弟子。

4.8 哀公问:"弟子孰为好学？"孔子对曰:"有颜回者

好学，不迁怒，不贰过。不幸短命死矣。今也则亡，未闻好学者也。"（雍也 3）

【注释】 哀公：即鲁哀公，姓姬名蒋，鲁国国君，"哀"是其谥号。在位期间，正是孔子晚年归鲁之时。不迁怒：不把怒气发泄到别人身上。不贰过：不犯同样的错误。

【译文】 鲁哀公问孔子："您的弟子中谁最为好学呢？"孔子回答说："有一个叫颜回的弟子，非常好学，而且，他从不迁怒于别人，从不重犯同样的错误，不幸短命死了。现在没有像他那样的学生了，没有听说谁能如此好学了。"

【点评】 关于颜回，不同人问的同样问题，孔子几乎给出了相同的回答，可见，他心中对颜回的欣赏和喜爱从来没有改变过。有意思的是，这一章中，除了好学之外，孔子还提到了颜回的另外两个优点：不迁怒和不贰过——前者是自省，后者是改过，都是君子的良好品行。

4.9 子畏于匡，颜渊后。子曰："吾以女为死矣！"曰："子在，回何敢死？"（先进 23）

【注释】 畏：围困。匡：卫国的邑城。

【译文】 孔子在匡地被人围困，逃出时，颜渊落在了后面。再见面时，孔子说："我以为你死了呢。"颜渊说："夫子还活着，我怎么敢先死呢？"

【点评】 周游列国的路上，孔子途经匡地，被匡人围困，险遭不测。其间，颜回一直在他身边，是最后一个逃出的。重逢时，师徒俩谈到了生死。对于孔子的关切和担忧，颜回回答得很好，但当时他没有想到的是，自己最终还是死在了夫子之前。

4.10 颜渊死，子曰："噫！天丧予！天丧予！"（先进9）

【注释】 予：我。

【译文】 颜渊死了。孔子说："唉！老天要亡我呀！老天要亡我呀！"

【点评】 颜回英年早逝，一说时年在31岁，一说在41岁。孔子万分悲痛，一为师生之情，二为"道"失传人，故有"天丧"之语。

4.11 颜渊死，子哭之恸。从者曰："子恸矣！"曰："有恸乎？非夫人之为恸而谁为？"（先进10）

【注释】 恸：极度哀伤。

【译文】 颜渊死了，孔子为他痛哭，极度哀伤。身边的人劝慰道："夫子太悲伤了！"孔子说："太悲伤了吗？我不为这个人悲伤，还能为谁悲伤呢？"

4.12 颜渊死，颜路请子之车以为之椁。子曰："才不才，亦各言其子也。鲤也死，有棺而无椁。吾不徒行，以为之椁，以吾从大夫之后，不可徒行也。"（先进8）

【注释】 颜路：姓颜名无繇（yóu），字路，鲁国人，孔子早期弟子，也是颜回的父亲。椁（guǒ）：古时棺材，内为棺，外为椁。鲤：姓孔名鲤，字伯鲁，孔子之子。

【译文】 颜渊死了，其父颜路请求孔子卖掉自己的马车，为颜渊买个外椁。孔子说："不管有才还是无才，我都视他们为自己的儿子。孔鲤死时下葬，也是有棺无椁。我不能卖掉车子而步行，去为他买椁，因为我跟随在大夫队列之后，无法徒步行走。"

【点评】 这是一个情与礼冲突的悲情故事。孔子反对为颜回置办外椁，并非舍不得自己的马车，很可能是因为颜回出身平民，又未曾出仕，若下葬时有棺有椁，有违礼制。为了不让颜路伤心，孔子拿自己的儿子说事，还提到自己不能徒步出行，怕跟不上大夫队列，其言委婉，其情悲苦。

4.13 颜渊死，门人欲厚葬之，子曰："不可。"门人厚葬之。子曰："回也，视予犹父也，予不得视犹子也。非我也，夫二三子也。"（先进11）

【译文】 颜渊死了，孔门弟子们想要厚葬他。孔子说："不可。"弟子们仍然厚葬了他。孔子说："颜回啊，视我如父，我却不能待他如子。不是我的过错啊，是那几个弟子做的事情呀。"

【点评】 儒家主张厚葬，但孔子不同意厚葬颜回，仍是出于"违礼"之顾虑。不过，这次孔子表现出了通融灵活的态度，让弟子们去做，自己只是置身事外。孔鲤没有厚葬，所以，孔子说自己没能将颜回像亲生儿子一样对待，算是为自己辩解一下。

（二）子路

4.14 子曰："道不行，乘桴浮于海。从我者，其由与？"

子路闻之喜。子曰:"由也,好勇过我,无所取材。"（公冶长7)

【注释】 子路:姓仲名由,字子路,又字季路,鲁国人,孔子前期最重要的弟子之一,以忠诚勇武著称,一直追随在孔子身边,最后死于卫国政变。桴（fú）:过河的木筏。

【译文】 孔子说:"如果大道不行,我就乘上木筏子去海外。愿意跟随我的,大概只有仲由吧?"子路听到这话很高兴。孔子又说:"仲由啊,好勇的精神超过了我,其他方面却难以取材。"

【点评】 子路可以说是孔子最为忠实的弟子,却非最完美的弟子。他身上最大的优点是"勇",这一点,连孔子也自叹不如,但与"仁"和"智"尚有距离。

4.15 子曰:"衣敝缊袍,与衣狐貉者立,而不耻者,其由也与!'不忮不求,何用不臧?'"子路终身诵之。子曰:"是道也,何足以臧?"（子罕27)

【注释】 缊（yùn）:旧丝绵絮。狐貉:用狐皮或貉皮做的高贵皮衣。不忮不求,何用不臧:《诗经·邶风·雄雉》篇中之句。忮（zhì）:嫉恨。臧:善。

【译文】 孔子说:"穿着破旧的丝绵袍,和穿着狐貉皮袍的人站在一起,能够毫不自卑的人,大概只有仲由吧!'不嫉不贪,还有什么不好呢?'"子路听后,反复背诵这句诗。孔子又说:"只能做到如此,怎么能说足够好了呢?"

【点评】 子路身上的勇气又一次得到了孔子衷心的赞许,但他无法更进一步,达到"智"和"仁",又让孔子为他感到遗憾。

4.16 孟武伯问:"子路仁乎?"子曰:"不知也。"又问。子曰:"由也,千乘之国,可使治其赋也,不知其仁也。""求也何如?"子曰:"求也,千室之邑,百乘之家,可使为之宰也,不知其仁也。""赤也何如?"子曰:"赤也,束带立于朝,可使与宾客言也,不知其仁也。"（公冶长8）

【注释】 孟武伯:姓仲孙名彘,"武"是其谥号,鲁国大夫,孟懿子之子。赋:兵赋。 宰:家臣。求:即冉有。姓冉名求,字子有,鲁国人,孔子前期弟子。赤:即公西赤,姓公西名赤,字子华,鲁国人,孔子前期较年轻的弟子。

【译文】 孟武伯问孔子:"子路做到了仁吧?"孔子说:"我不知道。"孟武伯再问。孔子说:"仲由嘛,在有千辆兵车之国,可以让他管理兵赋,他是不是能做到仁,我不知道。"孟武伯又问:"冉求这个人怎么样?"孔子说:"冉求嘛,在有千户人家的城邑或有百辆兵车的小邦,可以当一个总管,他是不是能做到仁,我不知道。"孟武伯又问:"公西赤又怎么样呢?"孔子说:"公西赤嘛,穿着礼服,立在朝廷之上,可以迎接贵宾,他是不是能做到仁,我不知道。"

【点评】 在这一章中,孔子再一次明确表明,子路没有达到"仁",当然,话说得很委婉,没说"他不行",而只说"我不知道"。另外,两位弟子,冉求和公西赤,在孔子看来,也都尚未达到"仁"。

4.17 季康子问:"仲由可使从政也与?"子曰:"由也果,于从政乎何有?"曰:"赐也可使从政也与?"曰:

"赐也达，于从政乎何有？"曰："求也可使从政也与？"曰："求也艺，于从政乎何有？" （雍也8）

【注释】 赐：即子贡。求：冉求。

【译文】 季康子问孔子："仲由这个人，可以让他来管理国家政事吗？"孔子说："仲由做事果断，管理政事有什么困难呢？"季康子又问："端木赐这个人，可以让他管理国家政事吗？"孔子说："端木赐为人通达，管理政事有什么困难呢？"又问："冉求这个人，可以让他管理国家政事吗？"孔子说："冉求才艺出众，管理政事有什么困难呢？"

【点评】 虽然没有达到"仁"，但孔子还是赞许子路做事果断的优点，并肯定了他的政治才干。对子贡和冉求，也是高度赞扬。

4.18 季子然问："仲由、冉求，可谓大臣与？"子曰："吾以子为异之问，曾由与求之问。所谓大臣者，以道事君，不可则止。今由与求也，可谓具臣矣。"曰："然则从之者与？"子曰："弑父与君，亦不从也。" （先进24）

【注释】 季子然：鲁国季氏族人，也有认为他是孔子弟子的。

【译文】 季子然问："仲由和冉求称得上是大臣了吗？"孔子说："我以为你问谁呢，原来问的是仲由和冉求啊。所谓大臣，就是能以正道来侍奉君主，行不通的话，就辞职不干。如今，仲由和冉求两人，只是办理具体事务的小臣而已。"季子然又问："那么，他们对季氏一定唯命是从吧？"孔子说："杀父弑君之事，他们是不会跟着干的。"

【点评】 孔子虽然认为子路和冉求都尚未达到"仁"的高度，但作为孔门弟子，他们做人做事还是有底线的。

4.19 子曰："由之瑟，奚为于丘之门？"门人不敬子路。子曰："由也升堂矣，未入于室也。"（先进15）

【注释】 奚：为什么。升堂入室：堂是正厅，室是内室。

【译文】 孔子说："仲由鼓瑟，为什么要在我这里弹呢？"孔门弟子们为此都有点儿不敬子路。孔子又说："仲由总算是登上大堂了，只是还没有入室罢了。"

【点评】 "登堂而未入室"，是孔子对子路的整体评价。入了圣人之门，未必就能成为圣人。

4.20 子曰："片言可以折狱者，其由也与！"子路无宿诺。（颜渊12）

【注释】 片言：一面之词。折狱：断案。宿诺：久未兑现的诺言。

【译文】 孔子说："听了一方的供词就能迅速断案的，大概只有仲由吧！"子路没有久拖而无法兑现的诺言。

【点评】 "片言折狱"，是孔子对子路为人勇敢、办事果断的赞扬呢？还是对他思维简单、性格冲动的忧虑？好像两者兼而有之。

4.21 子路问："闻斯行诸？"子曰："有父兄在，如之何其闻斯行之？"冉有问："闻斯行诸？"子曰："闻斯行之！"公西华曰："由也问'闻斯行诸？'子曰：'有父兄在'；求也问'闻斯行诸？'子曰：'闻

斯行之'。赤也惑,敢问?"子曰:"求也退,故进之;由也兼人,故退之。"（先进22）

【注释】 诸:"之于"二字的合音。冉有:即冉求。公西华:即公西赤。兼人:好胜。

【译文】 子路问:"听到了,就马上行动起来吗?"孔子说:"有父兄在,怎么能听到了就马上行动起来呢?"冉有问:"听到了,就马上行动起来吗?"孔子说:"听到了,就马上行动起来。"公西华说:"子路问'听到了,就马上行动起来吗?'你回答说'有父兄在';冉求问'听到了,就马上行动起来吗?'你回答'听到了,就马上行动起来'。我糊涂了,想问个明白。"孔子说:"冉求遇事退缩,所以我鼓励他;仲由好胜斗勇,所以我劝阻他。"

【点评】 孔子深知子路性格中好胜冲动的弱点,一直有意在矫正他。对不同弟子问的相同问题,他给了不同的回答,意在有针对性地施教。

4.22 子疾病,子路使门人为臣。病间,曰:"久矣哉,由之行诈也!无臣而为有臣,吾谁欺?欺天乎?且予与其死于臣之手也,无宁死于二三子之手乎!且予纵不得大葬,予死于道路乎?"（子罕12）

【注释】 为臣:治丧之臣。病间:病情减轻。大葬:以大夫之礼来安葬。

【译文】 孔子患了重病,子路派了门人来当治丧之臣。孔子的病好了一些,就说:"很久了,仲由就喜欢干一些弄虚作假之事。我不该有治丧之臣而非要派来治丧之臣,我欺骗谁呢?欺骗上天吗?我与其死在治丧之臣手中,还不如死在你们这些弟子的手里!即使我不能以大夫之礼来下葬,难道会被丢在路边没人管吗?"

【点评】 孔子当时不是大夫,不能有治丧之臣,但子路叫门人充当治丧之臣,想以此提高孔子葬礼的规格。子路一心想将孔子的后事办得风光,却差点儿陷其于"失信"的境地,让孔子甚为不满。子路为人忠诚简单,但偶尔也会有些自以为得计的"小把戏"。

4.23 子路使子羔为费宰。子曰:"贼夫人之子!"子路曰:"有民人焉,有社稷焉,何必读书,然后为学?"子曰:"是故恶夫佞者。"（先进25）

【注释】 子羔:即高柴,姓高名柴,字子羔,卫国人,孔子前期较年轻的弟子。贼:害。

【译文】 子路要让子羔去做费地的长官。孔子说:"这是害人家的孩子啊!"子路说:"那个地方有百姓,有社稷,为什么一定要读书才算学习呢?"孔子说:"这就是我为什么最讨厌巧言狡辩之人的缘故。"

【点评】 孔子认为,让没有好好读书学习的高柴,去地方为官从政,就等于是害了他。子路认为,管理民众百姓、土地农耕都是学习,并非一定要读书才算学习。孔子认为子路在狡辩。其实,子路的观点并非没有一点道理。

4.24 闵子侍侧,訚訚如也;子路,行行如也;冉有、子贡,侃侃如也。子乐。"若由也,不得其死然。"（先进13）

【注释】 闵子：即闵损，姓闵名损，字子骞，鲁国人，孔子前期弟子。訚訚（yín）：和颜恭敬之貌。行行（hàng）：刚强之状。

【译文】 闵子骞侍立在孔子身旁，总是和颜而恭敬；子路走来走去，总是急急忙忙；冉有、子贡，侃侃而谈，总是轻松愉快。孔子看着身边的弟子们很高兴，但又说："像仲由这样，将来恐怕是难以善终吧？"

【点评】 孔子对子路，心里有着特别深的感情，但又为他的鲁莽而深感忧虑。这里可能只是一句玩笑话，却被孔子不幸言中，子路最终死于卫国的兵变中。

（三）子贡

4.25 子贡问曰："赐也何如？"子曰："女，器也。"曰："何器也？"曰："瑚琏也。"（公冶长4）

【注释】 子贡：姓端木名赐，字子贡，卫国人，孔子前期最重要的弟子之一，最为聪明能干，具有从政经商之才。孔子死后，他在孔子墓旁结庐而居，独自守墓六年。女：汝。瑚琏：古代祭祀用的器皿。

【译文】 子贡问孔子："我这个人怎么样？"孔子说："你呀，好比一个器具。"子贡问："什么器具呢？"孔子说："瑚琏。"

【点评】 如果说孔子在颜渊身上看到了"仁"，在子路身上看到了"勇"，那么，他在子贡身上看到的一定是"智"。瑚琏，是贵重而华美之器。孔子以"瑚琏"来比喻子贡，显然有推崇其才干之意，但孔子又有"君子不器"之言，表明子贡在某些方面还没有达到孔子的期望。

4.26 子曰："回也其庶乎，屡空。赐不受命，而货殖焉，亿则屡中。"（先进19）

【注释】 庶：庶几，接近。空：贫困。货殖：做买卖。亿：同臆。

【译文】 孔子说："颜回做人为学几近完美境界，却常常贫困。端木赐不安本分，去做买卖，行情往往屡猜屡中。"

【点评】 子贡的聪明，特别是经商方面的才能，让孔子大为佩服。令孔子格外感叹的是，颜回虽然达到了仁，却一生陷于贫穷。"仁者不富"或"为富不仁"，难道真是天意吗？

4.27 子谓子贡曰："女与回也孰愈？"对曰："赐也何敢望回？回也闻一以知十，赐也闻一以知二。"子曰："弗如也，吾与女弗如也。"（公冶长9）

【注释】 愈：胜过。

【译文】 孔子问子贡："你和颜回相比，谁更优秀一些呢？"子贡回答："我怎么能和颜回相比？颜回闻一可以推知到十，我呢，闻一不过推知到二啊。"孔子说："是不如啊，我和你都不如他。"

【点评】 子贡之"智"，还表现在其难得的自知之明上。他知道自己与颜回在学问上的差距，更知道颜回在老师心中的位置远高于自己。孔子说自己和子贡都不如颜回，是不愿太伤子贡的心。

4.28 子贡方人。子曰:"赐也,贤乎哉?夫我则不暇!"
（宪问 29）

【注释】 方人:评论别人。

【译文】 子贡喜欢评论他人。孔子说:"赐啊,你自己就那么好吗?我是没有那样的闲工夫。"

【点评】 聪明人容易看到别人的缺点,往往喜欢评论他人。看来,子贡也有这个毛病。孔子在提醒子贡,为人处世,不仅要"慎言",更不可对人过于苛刻。

4.29 子贡曰:"我不欲人之加诸我也,吾亦欲无加诸人。"子曰:"赐也,非尔所及也。"（公冶长 12）

【译文】 子贡说:"我不愿别人把什么事情强加于我,我也不愿将什么事情强加在别人身上。"孔子说:"赐啊,这可不是你所能做到的啊。"

【点评】 子贡这里所说的接近于"忠恕"之"恕"——"己所不欲,勿施于人",不过,孔子显然认为子贡还没有达到这一境界。

（四）其他弟子

4.30 子曰:"孝哉闵子骞!人不间于其父母昆弟之言。"
（先进 5）

【注释】 闵子骞:即闵损,有孝名。间:非议。昆:兄长。

【译文】 孔子说:"真是孝顺呀,闵子骞这个人!人们对于他父母兄弟称赞他的话,没有异议。"

【点评】 孔子在闵子骞身上看到了"孝"。孝是仁的具体表现。

4.31 鲁人为长府。闵子骞曰:"仍旧贯,如之何?何必改作!"子曰:"夫人不言,言必有中。" (先进14)

【注释】 长府:国库。仍旧贯:沿袭旧例;贯,事例。

【译文】 鲁国当政者翻修国库。闵子骞说:"依照旧例,如何?何必改建啊!"孔子说:"这个人平日不大说话,一开口就说到要害。"

【点评】 关键不是依不依"旧贯",而是要不要大兴土木,奢靡浪费。

4.32 子谓公冶长:"可妻也。虽在缧绁之中,非其罪也。"以其子妻之。 (公冶长1)

【注释】 公冶长:姓公冶名长,字子长,齐国人,孔子前期弟子。缧绁(léi xiè):捆绑犯人的绳索。子:女儿。古时儿、女均可称子。

【译文】 孔子评论公冶长说:"可以将女儿嫁给他。他虽然被关进牢狱,但不是他的罪过。"孔子后来把自己的女儿嫁给了他。

【点评】 公冶长后来成为孔子的女婿。孔子知道他进过牢狱,仍敢将自己的女儿嫁给他,可见对他品德的高度信任。

4.33 子谓南容:"邦有道,不废;邦无道,免于刑戮。"以其兄之子妻之。 (公冶长2)

【注释】 南容:即南宫适,姓南宫名适(kuò),字子容,鲁国人,孔子前期弟子。

【译文】 孔子评论南容说:"邦国有道时,他出仕而不会被弃用;邦国无道时,他退隐而能免于罪罚。"后来将自己哥哥的女儿嫁给了他。

【点评】 在上一章和此章中,孔子为中国人确立了千古不变的"选婿"标准:一是老实可靠;二是要有本事谋生;三是为人谨慎而不冒风险。

4.34 子使漆雕开仕。对曰:"吾斯之未能信。"子说。

(公冶长6)

【注释】 漆雕开:姓漆雕名开,字子开,鲁国人,孔子前期弟子。说(yuè):同悦。

【译文】 孔子让漆雕开去做官。漆雕开回答:"我对做官这件事还没有足够的自信。"孔子听了很高兴。

【点评】 孔子听了漆雕开的回答为什么会高兴?因为他的谦虚谨慎?他的自知之明?或是他另有高远志向?没有解释,无法确定。能够确定的是,漆雕开不急于去当官,他愿意继续留在孔子身边学习,这也许也是孔子听了很高兴的原因之一。

4.35 子曰:"雍也,可使南面。" (雍也1)

【注释】 雍:即冉雍,字仲弓,鲁国人,孔子前期较年轻的弟子。

【译文】 孔子说:"冉雍这个人,可以朝南坐,为官当政。"

【点评】 孔子为什么认为冉雍适合当官从政呢?从下面一章可以看出,孔子认为他有仁德之心。

4.36 或曰:"雍也,仁而不佞。"子曰:"焉用佞?御人以口给,屡憎于人。不知其仁,焉用佞?"（公冶长5）

【注释】 佞（nìng）:能言善辩。口给（jǐ）:口齿伶俐,反应快捷。

【译文】 有人说:"冉雍这个人,有仁德而无辩才。"孔子说:"哪里要用辩才呢?伶牙俐齿地和人辩论,只会惹人厌烦。不懂得仁,辩才又有什么用呢?"

【点评】 看来,冉雍很符合"讷于言而敏于行"的君子标准。

4.37 子谓仲弓,曰:"犁牛之子骍且角,虽欲勿用,山川其舍诸?"（雍也6）

【注释】 仲弓:即冉雍。犁牛:耕牛。骍（xīng）:赤色。山川:指山川之神。

【译文】 孔子评论仲弓时说:"耕牛之犊,如果毛色赤红而牛角端正,虽不想用它来祭祀,但山川神灵难道会舍得它吗?"

【点评】 古代祭祀用牛,需选高贵之牛,要毛色赤红,牛角端正,不能随便以耕牛代替。冉雍出身贫贱,但品行超群,孔子因此有"犁牛之子"之喻,说他如此出众,神灵也会喜欢他,其寓意是君主总会用他。

4.38 子谓子贱:"君子哉若人! 鲁无君子者,斯焉取斯?"（公冶长3）

【注释】 子贱:即宓（fú）不齐,姓宓名不齐,字子贱,鲁国人,孔子前期较年轻的弟子。

【译文】 孔子评论子贱说:"像这样的人才真是君子啊!如果说鲁国没有君子,他又是从哪里学到君子品德的呢?"

4.39 子曰:"吾未见刚者。"或对曰:"申枨。"子曰:"枨也欲,焉得刚?" (公冶长11)

【注释】 申枨(chéng):姓申名枨,又名党,字周,鲁国人,孔子弟子。

【译文】 孔子说:"我没有见过刚强的人。"有人回答:"申枨刚强。"孔子说:"申枨啊,欲望太多,怎么能刚强呢?"

【点评】 孔子对申枨的评价,包含着"无欲则刚"的道理。

4.40 原思为之宰,与之粟九百,辞。子曰:"毋!以与尔邻里乡党乎!" (雍也5)

【注释】 原思:姓原名宪,字子思,鲁国人,孔子前期年轻弟子。宰:管家。

【译文】 原思为孔子管家,孔子给他俸米九百,他推辞不要。孔子说:"不要推辞。可以分给你的乡亲们啊!"

【点评】 原思为孔子工作,孔子要给他报酬,即使原思并不需要,孔子仍坚持要给。孔子讲学要收"束脩",弟子们为他做事,他也要付酬劳。如此看来,孔子还是很有一些用工付酬的现代意识。

4.41 子华使于齐,冉子为其母请粟。子曰:"与之釜。"请益,曰:"与之庾。"冉子与之粟五秉。子曰:

"赤之适齐也,乘肥马,衣轻裘。吾闻之也:君子周急不继富。"(雍也4)

【注释】 子华:即公西赤,是富家子弟。冉子:即冉有。釜(fǔ):一釜等于当时的六斗四升。庾(yǔ):一庾等于二斗四升。秉:一秉大约一百六十斗。适:到。周:周济。

【译文】 公西赤要出使齐国,冉求替他的母亲向孔子请求带回一些谷米。孔子说:"给他六斗多吧。"冉求请求再增加一点。孔子说:"再给他加两斗吧。"冉求最后给了他八百斗。孔子说:"公西赤到齐国去,乘着肥马驾的车子,穿着轻暖的皮袍。我听说这样的话,君子只周济急需救济的人,而不去帮助富人。"

【点评】 "救急不济富"是孔子提出的救助原则,沿用至今。在这一章中,引起孔子不满的,是冉求,而不是公西赤。

4.42 季氏富于周公,而求也为之聚敛而附益之。子曰:"非吾徒也,小子鸣鼓而攻之可也!"(先进17)

【注释】 求:即冉求,当时为季氏的家宰。季氏:季孙氏,鲁国当政的公卿之家。

【译文】 李氏比周公家的王侯还要富有,而冉求还在帮他搜刮钱财,增加他的财富。孔子知道后说:"他不再是我的学生了,弟子们可以敲起鼓来,一起攻击批判他!"

【点评】 孔子和弟子冉求之间的关系,可以用"爱恨交加"来形容。作为最具行政才干的弟子,冉求一直周旋于鲁国国君与公卿之间,为孔子办了许多事,包括说服当政的季康子重迎孔子返鲁。任季氏家宰时，冉求的才干也同样发挥得很出色，为季氏收税讨债不遗余力。孔子为此动怒，说下狠话，因为冉求的所为，完全违背了"仁"的基本道义。

4.43 冉求曰："非不说子之道，力不足也。"子曰："力不足者，中道而废。今女画。"（雍也12）

【注释】 说（yuè）：同悦。画：设定界线。

【译文】 冉求说："不是不喜欢夫子之道，只是我能力不够啊。"孔子说："能力不够的人，走到半路才停下来，你现在是在给自己原地画线，不肯前进。"

【点评】 此章内容是冉求为自己辩解之辞。他说自己达不到孔子所要求的"仁"，是个人能力不足，孔子不同意他的解释，认为他非"不能"，而是"不愿"。

4.44 宰予昼寝。子曰："朽木不可雕也，粪土之墙不可杇也！于予与何诛？"子曰："始吾于人也，听其言而信其行；今吾于人也，听其言而观其行。于予与改是。"（公冶长10）

【注释】 宰予：姓宰名予，字子我，鲁国人，孔子前期弟子，最具反叛色彩。粪土：脏土。杇（wū）：粉刷。诛：谴责。

【译文】 宰予白天睡觉。孔子说："腐朽了的木头无法雕刻啊，粪土垒的墙壁不能粉刷啊！对于宰予这个人，责备他还有什么用呢？"孔子又说："以前我对人，是听了他说的话，就相信他会那样去做事；现在我对人，是听了他说的话，还要观察他会怎样做事。正是在宰予这里，我改变了态度。"

【点评】 宰予是另一位让孔子头疼的弟子。他喜欢挑战老师的观点，颇具思辨能力，常让孔子难以回应，某些言行让孔子极为恼火。一人因午睡而被骂成"朽木"和"粪土之墙"，显然过重。看来，孔子的愤怒是平日积攒下来的，只是碰到机会爆发了。

4.45 伯牛有疾，子问之，自牖执其手，曰："亡之，命矣夫！斯人也而有斯疾也！斯人也而有斯疾也！"（雍也 10）

【注释】 伯牛：即冉耕，姓冉名耕，字伯牛，鲁国人，孔子前期弟子。牖（yǒu）：窗户。

【译文】 伯牛有病，孔子前去探望他，从窗户外面伸手进去握住他的手，说："是死是亡，这是命吧！这样的人竟也会得这样的病啊！这样的人竟也会得这样的病啊！"

【点评】 生老病死，是人人都要面对和经历的。这是"仁"外之事，即使是修身、好德、慎言的君子也无法避免。孔子之叹，盖源于此。

4.46 子贡问："师与商也孰贤？"子曰："师也过，商也不及。"曰："然则师愈与？"子曰："过犹不及。"
（先进 16）

【注释】 师与商：师，即子张，姓颛孙名师，字子张，陈国人，商，即子夏，姓卜名商，字子夏，晋国人。两人都是孔子后期最优秀的弟子。愈：强些。

【译文】 子贡问孔子："子张和子夏二人谁更好一些呢？"孔

子回答说:"子张有点儿过激,子夏有点儿保守。"子贡说:"那么子张更好一点儿吗?"孔子说:"过激与保守是一样的。"

【点评】 孔子在评论两位弟子优点和缺点时,表达出的意思是,他真正赞许的为人之道是"中庸"。

4.47 子游为武城宰。子曰:"女得人焉耳乎?"曰:"有澹台灭明者,行不由径,非公事,未尝至于偃之室也。"（雍也14）

【注释】 子游:姓言名偃,字子游,吴国人,孔子后期重要弟子之一。武城:鲁国小邑。澹台灭明:姓澹(tán)台名灭明,字子羽,鲁国人,后来成为孔门弟子。径:小路,喻不正之路。

【译文】 子游做了武城的长官。孔子说:"你在那里得到些人才没有?"子游回答:"有一个叫澹台灭明的人,行路不走小道,除了公事,从不到我屋子里来拜谒。"

【点评】 不私下拜谒长官,看来是正人君子的守则之一。

4.48 子之武城,闻弦歌之声。夫子莞尔而笑,曰:"割鸡焉用牛刀?"子游对曰:"昔者,偃也闻诸夫子曰:'君子学道则爱人,小人学道则易使也。'"子曰:"二三子!偃之言是也,前言戏之耳!"（阳货4）

【注释】 武城:鲁国小城。子游:即言偃,当时是武城宰。

【译文】 孔子到了武城,听见一片弦歌之声。孔子笑着说:"杀鸡哪里用得着宰牛之刀呢?"子游回答说:"以前,我听夫子说过,'君子学了礼乐之道就懂得爱人,小人学了礼乐之道就容易顺从。'"孔子说:"弟子们,言偃的话是对的。我刚才说的话,只是戏言啊!"

【点评】 不论地方大小,礼乐之道都是一样。孔子一时戏言,但很快意识到子游的认真其实是对的。

4.49 子曰:"先进于礼乐,野人也;后进于礼乐,君子也。如用之,则吾从先进。" (先进1)

【注释】 野人:乡野平民。

【译文】 孔子说:"那些早先跟我学习礼乐的弟子,很多人还是乡野平民;那些后来跟我学习礼乐的弟子,许多人已是出仕的君子了。如果真要选用人才,我还是会选用那些早先的弟子们。"

【点评】 此章是孔子对自己弟子们的评论,但历代释读多有不顺之处,并为此争论不定。此处的解读也许更合情理一些:孔子是在为一些早期弟子未能有机会出仕而感到不平和遗憾。孔子认为这些早期弟子学习礼乐的时间更长,造诣也更深,对他们也更有感情,所以说要是他来选用人才的话,一定会从这些早期弟子们中间来选。

4.50 子在陈,曰:"归与!归与!吾党之小子狂简,斐然成章,不知所以裁之。" (公冶长22)

【注释】 陈:陈国。吾党:古时以五百家为一党。吾党,即我的家乡。狂简:狂放而又志向远大。斐然:有文采。裁:裁剪,节制。

【译文】 孔子在陈国时,说:"归去吧!归去吧!我家乡来的年轻弟子们,狂放又有志向,文采兼备,只是还不太懂得节制。"

【点评】 孔子在陈国时,鲁国出现了出仕从政的机会。孔子鼓励年轻的弟子先回家乡,去实现自己的抱负。他看到弟子们都已成长起来,可以承担职责了,但也指出他们身上还有不懂得节制的弱点。

4.51 子曰:"从我于陈、蔡者,皆不及门也。"(先进2)

【注释】 陈蔡:陈国和蔡国。不及门:不在眼前。

【译文】 孔子说:"那些在陈国、蔡国一直追随着我的弟子们,现在都不在眼前了。"

【点评】 一些弟子的归去,让孔子心生感慨。周游列国途中的朝夕相伴,特别陈、蔡绝粮时的共同坚守,让他和弟子们之间结下了生死情谊。

二、谈诗论乐

将诗和乐视为感悟"仁"的审美对象,发掘其中意蕴,以启发、教育弟子们。

(一)谈诗

4.52 子曰:"小子!何莫学夫《诗》?《诗》,可以兴,可以观,可以群,可以怨。迩之事父,远之事君,多识于鸟兽草木之名。"（阳货9）

【注释】 诗:这里专指《诗经》。兴:表达,即比兴之兴。观:观察。群:和人交往。迩(ěr):近。

【译文】 孔子说:"年轻人,为什么不学学诗呢?诗可以表达内心情感,可以观览世间万象,可以用来与人沟通,可以借此抒发哀怨。在家,可用来侍奉父母;出外,可用来效力君主。还能多知道一些鸟兽草木的名字。"

【点评】 在孔子看来,学诗不仅仅是为了文艺欣赏,更多的是为了"仁"的践行。诗具有多种社会功能,其中,兴、观、群、怨,构成了中国古典诗歌的基本特征。

4.53 子曰:"兴于《诗》,立于礼,成于乐。"（泰伯8）

【译文】 孔子说:"始于学诗,自立于礼,学成于乐。"

【点评】 此章是在讲一个君子的成长过程,不过,理解为一个国家的兴起也可以。

4.54 子曰:"《诗》三百,一言以蔽之,曰:'思无邪。'"
（为政2）

【注释】 诗三百:《诗经》现存305篇。蔽:概括。

【译文】 孔子说:"《诗》三百篇,用一句话来概括,就是'思无邪'。"

【点评】《诗经》中有很多情歌,而孔子能以"思无邪"来概括,可谓眼光独具。人类的正常情感和欲望,在孔子看来,都是人性的一部分,本身并不"违仁",而能真诚、自然地表达出来,就是"无邪"。

4.55 子曰:"《关雎》乐而不淫,哀而不伤。" （八佾20）

【注释】《关雎》:《诗经》首篇,写男女思念之情。

【译文】 孔子说:"《关雎》之诗,欢乐而不放荡,忧愁而不哀伤。"

【点评】 此章以《关雎》一诗为例,对上一章"思无邪"做了进一步阐释。诗中所表达的男女思念之情,孔子认为不多不少,正好"适度",可为范例。

4.56 子夏问曰:"'巧笑倩兮,美目盼兮,素以为绚兮。'何谓也?"子曰:"绘事后素。"曰:"礼后乎?"子

曰:"起予者,商也! 始可与言《诗》已矣。"(八佾8)

【注释】"巧笑倩兮,美目盼兮":《诗经·卫风·硕人》中的诗句。绘事后素:绘,画;素,白底。绘画需要先有白底。商:即子夏。

【译文】 子夏问:"'笑意盈盈的样子真迷人,目光流盼的眼睛好漂亮! 素颜装扮中展现绚丽多姿。'这几句诗是什么意思呢?"孔子回答:"想要绘一幅好画,先要有好的白底。"子夏说:"那么,礼也是后起的吗?"孔子说:"能启发我的人,是你子夏啊! 现在可以和你一同讨论《诗》了。"

【点评】 孔子和子夏讨论《诗》,从几句描写美女的诗句里,领悟到仁先礼后的道理。仁,如同美女之天生丽质;礼,则更像是后来的化妆打扮。

4.57 "唐棣之华,偏其反而。岂不尔思? 室是远而。"子曰:"未之思也,夫何远之有?"(子罕31)

【注释】 唐棣:树木之名。偏其反而:形容一树之花的摇曳之姿。

【译文】"唐棣之花啊,翩然摇曳。怎能不思念你呢? 实在是你家住的地方太遥远了。"孔子说:"不见得真的思念吧? 如果真的思念,有什么遥远呢?"

【点评】 这章谈论的好像是一首《诗经》中未收之诗。孔子对此诗评论表现出了不常见的幽默,其中倒未必有什么"悟道"的深意。

4.58 子曰:"诵《诗》三百,授之以政,不达;使于四

方,不能专对。虽多,亦奚以为?"（子路5）

【注释】 达:通达。专对:独立应答。

【译文】 孔子说:"诵读了《诗》三百篇,让他管理政务,却不懂如何办事;让他去当使节,却不会独自应答。虽然背诵了很多诗,又有什么用呢?"

【点评】 在这一章里,孔子强调了当时《诗经》所具有的社会功能。春秋之时,从政办案,出使交涉,都需要随时引用《诗经》里的诗句。学诗而不会用,只能算是没有学好。

4.59 子谓伯鱼曰:"女为《周南》《召南》矣乎?人而不为《周南》《召南》,其犹正墙面而立也与?"（阳货10）

【注释】 伯鱼:孔子之子,名鲤,字伯鱼。《周南》《召南》:《诗经·国风》中的第一、第二部分篇名,都是地名,作为当地民歌的集名。

【译文】 孔子对儿子伯鱼说:"你学习《周南》《召南》了吗?一个人不学习《周南》《召南》,就好像面对墙壁而站着吧?"

【点评】"正墙面而立"之意,就是到处都走不通。

4.60 陈亢问于伯鱼曰:"子亦有异闻乎?" 对曰:"未也。尝独立,鲤趋而过庭。曰:'学《诗》乎?'对曰:'未也。''不学《诗》,无以言。'鲤退而学诗。他日,又独立,鲤趋而过庭。曰:'学礼乎?'对曰:'未也。''不学礼,无以立!'鲤退而学礼。闻斯二者。"陈亢退而喜曰:"问一得三,闻诗,闻

礼,又闻君子之远其子也。"（季氏 13）

【注释】 陈亢：姓陈名亢,字子禽。孔子后期弟子,常向孔子问学。异闻：不同的内容。

【译文】 陈亢问孔子的儿子伯鱼："你在夫子那里听到过什么特别的内容吗？"伯鱼回答："没有。有一次他独自站在堂上,我正好穿庭而过,他问我：'学《诗》了吗？'我回答：'还没有。'他就说：'不学诗,就不会懂得如何说话。'我回去就开始学《诗》。另外一天,他又独自站在堂上,我快步从庭里走过,他问我：'学礼了吗？'我回答说：'还没有。'他就说：'不学礼,就不会懂得怎样立身。'我回去就开始学礼。我就听到过这两件事。"陈亢回去后高兴地说："我问了一个问题,却有了三个收获：听到了关于《诗》的道理,听到了关于礼的道理,还知道君子并不偏爱自己的儿子。"

【点评】 儒学没有什么"秘籍",无论是教儿子,还是教弟子,都是学诗学礼。不过,三千弟子中,真正能从诗书礼乐中"悟道"的,估计不多,多数弟子只是学了一些文化知识,领了一张"孔门文凭"。

（二）论乐

4.61 子在齐闻《韶》,三月不知肉味,曰："不图为乐之至于斯也。"（述而 14）

【注释】《韶》：曲名,相传是舜时古乐。

【译文】 孔子在齐国听到了《韶》乐,迷醉得竟有三个月尝不出肉的美味,说:"想不到啊,音乐的美妙竟能达到这样的极致。"

【点评】 孔子对音乐的热爱,首先在于音乐所带来的快感。欣赏韶乐给他带来的快乐,显然超过了品尝美味。

4.62 子谓《韶》:"尽美矣,又尽善也。"谓《武》:"尽美矣,未尽善也。"(八佾25)

【注释】《武》:曲名,相传是周武王时的古乐。

【译文】 孔子评论《韶》乐:"尽美了,也尽善了。"评论《武》乐:"尽美了,只是还没有尽善。"

【点评】 孔子比较了《韶》乐和《武》乐。他认为《韶》在形式和内涵上都达到了完美之境,而《武》在形式上完美了,内涵上却仍有不足。《武》是哪里不足呢?就是缺乏"仁"之内涵。

4.63 子曰:"师挚之始,《关雎》之乱,洋洋乎盈耳哉。"(泰伯15)

【注释】 师挚:鲁国乐师。始:乐曲的开端。乱:乐曲的结束。

【译文】 孔子说:"从乐师师挚演奏的序曲开始,一直到《关雎》之曲的结尾,美妙丰富的旋律一直在我耳边回荡。"

4.64 子语鲁大师乐,曰:"乐其可知也:始作,翕如也;从之,纯如也,皦如也,绎如也,以成。"(八佾23)

【注释】 大师:乐官名。翕(xī):合聚。从(zòng):展开。

纯：音色协调。皦（jiǎo）：节奏分明。绎：绵延不断。

【译文】 孔子和鲁国乐官谈论音乐，说："一首乐曲的规律大致可知：以合奏开始，乐音充盈悦耳；然后逐次展开，曲调悠扬，节奏分明，又绵延反复，直至最后完成。"

【点评】 孔子的音乐水准绝对是专业级的。他的描述，是一首乐曲至今仍在遵循的程序：主题呈现，变奏展开，主题重现，结束。

4.65 子曰："礼云礼云！玉帛云乎哉？乐云乐云！钟鼓云乎哉？"（阳货11）

【译文】 孔子说："礼呀！礼呀！说的只是玉帛吗？乐呀！乐呀！说的只是钟鼓吗？"

【点评】 这一章里，孔子点出了"乐"的实质在于"礼"，而"礼"的实质在于"仁"。

4.66 子曰："吾自卫反鲁，然后乐正，《雅》《颂》各得其所。"（子罕15）

【注释】《雅》《颂》：《诗经》中两类不同的诗歌，即雅乐、颂乐。

【译文】 孔子说："我从卫国返回鲁国后，古乐才得到了整理，雅乐和颂乐都找到了适当的位置。"

【点评】 周游列国之后，孔子由卫国返回鲁国，就开始致力于编订诗书，整理古乐。他认为，音乐不仅仅能给人带来快感，还具有安定人心的社会功能，而一个国家的仁政，必始于礼乐的兴起。

三、辨析案例

通过对一些复杂案例的辨析，说明仁者在遇到类似问题时该如何处置，"仁"的准则又该如何遵循和贯彻。

4.67 宰我问曰："仁者，虽告之曰：'井有仁焉。'其从之也？"子曰："何为其然也？君子可逝也，不可陷也；可欺也，不可罔也。"（雍也26）

【注释】 宰予：姓宰名予，字子我，鲁国人，孔子前期弟子，最具反叛色彩。井有仁焉：仁，同人。

【译文】 宰我问道："有仁德的人，别人告诉他井里掉下一个人，他会跳下去救吗？"孔子说："为什么一定要这样做呢？君子可以跑到井边去救，却不用跳下井去；君子可能被骗，但不会犯傻。"

【点评】 宰我常向孔子提一些挑战性的问题，此处就是一例。他的问题是一个逻辑陷阱：有人落井，跳下去救，必一起死，是仁；不跳下去，见死不救，是不仁。孔子没有往"井"里跳，而是从"井"边绕了过去，反问：为什么一定要这样做呢？他所表明的意思是，即使为了"仁"的名义，也没有必要去做无谓的牺牲。

4.68 叶公语孔子曰:"吾党有直躬者,其父攘羊而子证之。"孔子曰:"吾党之直者异于是:父为子隐,子为父隐,直在其中矣。" （子路18）

【注释】 叶（shè），地名，楚国邑城；叶公，姓沈名诸梁，字子高，楚国大夫，因封于叶地，故称叶公。党：乡党，家乡的人。直躬者：正直之人。攘羊：偷羊。证：告发。

【译文】 叶公告诉孔子说:"我家乡有一个正直的人,他父亲偷了人家的羊,他就告发了父亲。"孔子说:"我家乡也有正直的人,但有些不同:父亲会为儿子隐瞒,儿子会为父亲隐瞒,正直就在其中了。"

【点评】 孔子和叶公讨论的是一桩司法案件。叶公认为,国法大于人情;而孔子认为,伦理重于王法。表面上看,叶公的观点较现代,法律不讲人情;实际上,孔子的观点更深刻,法律应该建在人情伦理之上。

四、议论时政

就许多当时发生的政治事件发表评论和意见，表现出仁者在不同问题上应有的立场和态度。

（一）季氏当权

4.69　孔子谓季氏："八佾舞于庭，是可忍也，孰不可忍也？！"（八佾1）

【注释】　季氏：即季孙氏，鲁国贵族，与孟孙氏、叔孙氏一道，同为鲁桓公后代，又称为"三桓"。八佾（yì）：八纵八横的乐舞队列。

【译文】　孔子谈到季氏时说："在自家庭院用了八纵八横的乐舞之阵。这样的事如果能容忍的话，还有什么事情不能容忍呢？！"

【点评】　鲁国由季氏当政，对季氏的批评，就是对鲁国当政者的批评。让孔子愤怒的，是季氏对"礼制"的公然僭越。季氏是正卿之家，按《周礼》规定，只能用"四佾"，而他竟用了只有周天子才可以用的"八佾"。这也从另一方面反映出当时"礼崩乐坏"的社会状况。

4.70 三家者以《雍》彻。子曰:"'相维辟公,天子穆穆',奚取于三家之堂?"（八佾2）

【注释】 三家:即鲁国当政的三大贵族之家:季孙氏、孟孙氏、叔孙氏。《雍》:《诗经·周颂》中的一篇,是古代天子宗庙祭祖时吟唱的乐诗。彻:同"撤",指祭祀典礼结束时撤去祭品。"相维辟公,天子穆穆":《雍》中的两句诗辞。

【译文】 季孙氏、孟孙氏、叔孙氏三家在祭祖结束时,演奏了《雍》的乐诗。孔子说:"'一旁助祭的是众诸侯,中间肃穆主祭的是周天子。'这诗句中的意思,怎么能用在你们三家家庙的大堂里呢?"

【点评】 季氏等三家在家祭之时,用了天子之乐,又是对周朝礼制的蔑视和破坏。

4.71 季氏旅于泰山。子谓冉有曰:"女弗能救与?"对曰:"不能。"子曰:"呜呼!曾谓泰山不如林放乎?"（八佾6）

【注释】 旅:祭祀山川为旅。冉有:即冉求,孔子弟子,当时为季氏家臣。女:同汝。救:劝阻之意。这里指谏止。林放:鲁国人,和孔子讨论过礼的问题。

【译文】 季孙氏要去祭祀泰山。孔子对冉有说:"你不能劝阻吗?"冉有回答:"不能。"孔子说:"哎呀!难道说泰山之神还不如林放知礼吗?"

【点评】 祭祀泰山是天子和诸侯的专权,季孙氏只是鲁国的大夫,竟然也要去祭祀泰山。这种"僭礼"之举,让孔子极为愤慨。

4.72 季氏将伐颛臾。冉有、季路见于孔子曰:"季氏将有事于颛臾。"孔子曰:"求,无乃尔是过与?夫颛臾,昔者先王以为东蒙主,且在邦域之中矣,是社稷之臣也,何以伐为?"冉有曰:"夫子欲之,吾二臣者,皆不欲也。"孔子曰:"求!周任有言曰:'陈力就列,不能者止。'危而不持,颠而不扶,则将焉用彼相矣?且尔言过矣!虎兕出于柙,龟玉毁于椟中,是谁之过与?"冉有曰:"今夫颛臾,固而近于费,今不取,后世必为子孙忧。"孔子曰:"求!君子疾夫舍曰'欲之',而必为之辞。丘也闻有国有家者,不患寡而患不均;不患贫而患不安。盖均无贫,和无寡,安无倾。夫如是,故远人不服,则修文德以来之。既来之,则安之。今由与求也,相夫子,远人不服而不能来也,邦分崩离析而不能守也,而谋动干戈于邦内。吾恐季孙之忧,不在颛臾,而在萧墙之内也!"(季氏1)

【注释】 颛臾(zhuān yú):鲁国的附庸国。有事:用兵。东蒙主:在东蒙山主持祭祀的人。周任:周代史官。兕(sì):犀牛。柙(xiá):关押野兽的木笼。椟(dú):匣子。费(bì):地名,为季氏的采邑。萧墙:照壁屏风。

【译文】 季孙氏准备讨伐小国颛臾。冉有、子路去见孔子,说:"季氏要攻打颛臾了。"孔子说:"冉求,这里没有你的过错吗?颛臾从前为周天子主持东蒙山祭祀,已在鲁国疆域之内,是鲁国的臣属,为什么还要讨伐它呢?"冉有说:"季孙大夫想去攻打,我们两个为臣之人并不赞成。"孔子说:"冉求,周任有句话说：'尽力尽职，做不好就应辞职。'危而不救，跌而不扶，那还用你们这些辅臣干什么呢？而且，你说的话错了！老虎、犀牛从笼中跑出，龟甲、玉石毁于匣里，这是谁的过错呢？"冉有说："颛臾之国城墙坚固，又离费邑很近。现在不攻取，将来会成为子孙的忧患。"孔子说："冉求，君子痛恨一种人，不肯明说自己想要，却要另外找出借口。我孔丘听说过，对于一个国或一个家来说，不怕穷，而怕财富不均；不怕贫，而怕不安定。公平了，就没有贫富了；和谐了，就没有多寡了；国家安定了，也就没有倾覆之危了。正因为如此，如果远方之人不肯归服，就要用仁、义、礼、乐使其归顺。已归顺的，就要让他们能安心居住下去。现在，仲由和冉有，你们两个人辅佐季氏，远人不归服而不能使其归顺，国内四分五裂而不能保持团结，反而谋划在境内用兵。只怕季氏的忧患，不在颛臾，而在自家照壁之内！"

【点评】 孔子就季氏将要发动的一场战争与冉求和子路发生了争论。孔子认为，这场战争完全是荒唐的，既缺乏正当的名义，也非应对外在的威胁。更重要的是，孔子指出，一个国家的忧患，在于"不均"，不均会导致不和，不和会导致动乱。因此，国家之安危，往往不在外部，而更多在于自身。

4.73 康子馈药，拜而受之，曰："丘未达，不敢尝。"
（乡党 16）

【注释】 康子：即季康子。

【译文】 季康子赠送孔子药品，孔子拜谢后接受了，说："我不懂药性，不敢尝试。"

4.74 孔子曰:"禄之去公室,五世矣;政逮于大夫,四世矣。故夫三桓之子孙微矣。"（季氏3）

【注释】 禄:爵禄。这里指权力。五世:指鲁国国君继承了五代。四世:指季孙氏执掌国政也有了四代。三桓:当年鲁桓公的后代,即季孙氏、孟孙氏和叔孙氏。

【译文】 孔子说:"鲁君失去权力已有五代了,政权落在大夫之手也有四代了。'三桓'的子孙将会衰微了。"

【点评】 这是孔子对当时鲁国"君权旁落"现象的总结,也是对"三桓"家族未来必然走向衰落的预测。

（二）鲁国时政

4.75 阳货欲见孔子,孔子不见,归孔子豚。孔子时其亡也,而往拜之。遇诸涂。谓孔子曰:"来!予与尔言。"曰:"怀其宝而迷其邦,可谓仁乎?"曰:"不可。""好从事而亟失时,可谓知乎?"曰:"不可。""日月逝矣,岁不我与!"孔子曰:"诺,吾将仕矣。"（阳货1）

【注释】 阳货:又名阳虎,季府的家宰,一度执掌鲁国大权。豚（tún）:小猪。亟:多次。

【译文】 阳货想见孔子,孔子不见,他便送给孔子一只烤乳猪。孔子趁他不在家时回拜还礼,不想两人在半路上相遇。阳货对孔子说:"来,我有话跟你说。"然后说:"身怀治国之宝器,却听任邦国之迷乱,这能称为仁吗?"孔子回答:"不能。"阳货又说:"有从政之心,却屡次错过时机,这能说是智吗?"孔子回答:"不能。"阳货最后说:"时光飞逝,岁月不等人啊!"孔子回答:"好吧,我要出仕了。"

【点评】 作为季府家宰,阳货一度是鲁国炙手可热的人物。他有政治野心,想拉拢孔子,为己所用,但他显然不是孔子喜欢并愿意与之打交道的人。看得出,阳货很了解孔子,以"仁"和"智"来劝说孔子,但孔子仍不为所动。但是,他们之间的这场对话,激发了孔子从政的决心,最终在50多岁时,出任鲁国大司寇,兼领相事,实践了自己的"仁政"理念,表现出积极"入世"的儒家精神。

4.76 公山弗扰以费畔,召,子欲往。子路不说,曰:"末之也已,何必公山氏之之也?"子曰:"夫召我者,而岂徒哉?如有用我者,吾其为东周乎!"
(阳货5)

【注释】 公山弗扰:又名公山不狃,季氏的家臣。畔:同叛。说:同悦。末之也已:算了吧。

【译文】 公山弗扰占据费邑而反叛,来召孔子去,孔子准备前去。子路不高兴了,说:"算了吧,何必要去公山弗扰那里呢?"孔子说:"他来召我,难道只是一句空话吗?如果有人用我,我就要在东边复兴周朝!"

【点评】 像阳货一样,公山弗扰也是季府家臣,亦属"乱臣贼子"一类。他曾负责驻守季氏封地费邑,后据费而叛。他召孔子,用心与阳货一样,孔子居然有所动心,可见其推行仁政之急切,以至于有点急不择人了。

4.77 子曰:"臧武仲以防求为后于鲁,虽曰不要君,吾不信也。" （宪问14）

【注释】 臧武仲:鲁国大夫,臧孙氏。防:臧武仲的封邑。要:要挟。

【译文】 孔子说:"臧武仲想以交出防邑来换取臧孙氏后代在鲁国的爵禄,虽然有人说他不是在要挟国君,我不相信啊。"

【点评】 臧武仲因得罪孟孙氏而逃离鲁国,后来回到自己的封地防邑,并向鲁君要求,以立臧孙氏之后为卿大夫为条件,自己交出防邑。孔子显然不赞赏他以封地为据点,与鲁君讨价还价的行为。

4.78 陈成子弑简公。孔子沐浴而朝,告于哀公曰:"陈恒弑其君,请讨之。"公曰:"告夫三子。"孔子曰:"以吾从大夫之后,不敢不告也。君曰:'告夫三子者。'"之三子告,不可。孔子曰:"以吾从大夫之后,不敢不告也!"（宪问21）

【注释】 陈成子:姓陈名恒,齐国大夫。他杀死齐简公,夺取了齐国政权。简公:齐简公,姓姜名壬,齐国国君。三子:指鲁国当政的季孙氏、孟孙氏和叔孙氏三氏。

【译文】 陈成子杀了齐简公。孔子沐浴整衣,上朝去见鲁哀公,报告说:"陈恒弑其君,请出兵讨伐他。"哀公说:"去报告三家大夫吧。"孔子退下后说:"我因为做过大夫,不敢不来报告。国君却说:'去报告那三家大夫吧。'"于是,孔子去向三家大夫报告,三家大夫不赞同出兵讨伐。孔子又说:"我曾经做过大夫,不敢不来报告呀!"

【点评】 齐国"弑君"之事,孔子认为是大事,他虽已退休,还一定要亲自禀告鲁君。鲁君却让他去找当政的季孙氏、孟孙氏和叔孙氏三氏。鲁国"君权"之旁落,由此可见一斑。

4.79 冉子退朝,子曰:"何晏也?"对曰:"有政。"子曰:"其事也。如有政,虽不吾以,吾其与闻之。"
(子路14)

【注释】 冉子:即冉求。晏:晚。

【译文】 冉求退朝回来,孔子问:"为什么回来得晚了?"冉求回答:"有政务。"孔子说:"只是事务吧?如有政务,即使不用我了,我也会知道的。"

【点评】 冉求正在为季府做事,孔子对他有所不满,故有此对话。国事为"政",家务为"事"。孔子在讥讽冉求将季府的家务当成鲁国的政事了。

4.80 厩焚。子退朝,曰:"伤人乎?"不问马。 (乡党17)

【注释】 厩:马棚。

【译文】 马棚着火了。孔子退朝回来,问:"伤着人了吗?"不问马怎么样了。

【点评】 问人而不问马,是"以人为本"。

(三)礼乐衰微

4.81 子曰:"觚不觚,觚哉!觚哉!" (雍也25)

【注释】 觚（gū）：古代酒器。

【译文】 孔子说："觚都不像觚了，觚啊！觚啊！"

【点评】 觚是祭礼用的礼器。我们不知道孔子是在什么场合发出的这一感叹，也许是在参观太庙时，也许是在祭祀典礼上。总之，当时制作出来的觚，已经不像真正的觚了。这引起了孔子感叹，周代的礼乐制度正在消亡。

4.82 子曰："禘自既灌而往者，吾不欲观之矣。" （八佾10）

【注释】 禘（dì）：古时天子举行的祭祖大礼。灌：典礼中第一次献酒。

【译文】 孔子说："禘礼开始，第一次献酒后，我就不想再看了。"

【点评】 孔子为什么看不下去了呢？禘礼本是周天子之礼，现在诸侯自行举行，孔子又如何看得下去呢？

4.83 或问禘之说。子曰："不知也。知其说者之于天下也，其如示诸斯乎！"指其掌。 （八佾11）

【译文】 有人问孔子关于禘礼之道。孔子说："我不知道。懂得禘礼之道的人，治理天下之事，不就尽在掌握之中了吗？"说着，指了指自己的手掌。

【点评】 孔子认为，礼为治国之纲。君王懂礼，也就懂得如何治理天下了。

4.84 哀公问社于宰我。宰我对曰："夏后氏以松，殷人以柏，周人以栗，曰：使民战栗。"子闻之，曰：

"成事不说,遂事不谏,既往不咎。"（八佾21）

【注释】 哀公:即鲁哀公,姓姬名蒋,鲁国国君,"哀"是其谥号。在位期间,正是孔子晚年归鲁之时。社:土地神,这里指牌位。战栗:因恐惧而发抖。

【译文】 鲁哀公问宰我,土地神的牌位应该用什么树木制作。宰我回答:"夏时用松树,殷人用柏树,周朝用栗树。栗树之意,就是要让百姓战栗。"孔子听到后说:"做成的事不用再议论了,过去了的事不用再劝阻了,以前的事也不必再追究了。"

【点评】 这段话的语境不太清楚,历来解释不一。孔子的话似乎是冲着宰我。宰我说,周朝用栗木做土地神的牌位,目的是"使民战栗",也许是实话,但明着说出来,有点儿让"郁郁乎文哉"的周朝,显出族群专政的本色。因此,引出了孔子的一番言论。

（四）诸侯各国

（齐国）

4.85 子曰:"齐一变,至于鲁;鲁一变,至于道。"（雍也24）

【译文】 孔子说:"齐国改变一下,就可以达到鲁国状态;鲁国改变一下,就可以直至大道了。"

【点评】 大道行于天下,是孔子一生的理想。就实现这一理想来说,孔子认为,鲁国比齐国更有条件和希望。孔子对鲁国如此有信心,倒不完全出于其"爱国主义"精神,鲁国发展较齐国缓慢,且更多地保留了礼乐传统,也是原因之一。

（卫国）

4.86 子曰："鲁、卫之政，兄弟也。"（子路7）

【译文】 孔子说："鲁国和卫国的政事，就像兄弟一样关系紧密。"

【点评】 卫国是孔子周游列国的第一站，也是其计划推行"仁政"首选之地。后来，返鲁途中，孔子又在卫国停留。

4.87 卫灵公问陈于孔子。孔子对曰："俎豆之事，则尝闻之矣；军旅之事，未之学也。"明日遂行。（卫灵公1）

【注释】 卫灵公：姓姬名元，卫国国君。陈：同"阵"，军队作战的阵势。俎（zǔ）豆：古代祭祀时的礼器，用于盛供食物。

【译文】 卫灵公问孔子作战时列阵之法。孔子回答："祭祀时，礼器如何摆放，我还听说过一些；用兵打仗之事，从来没有学过。"第二天，孔子便离开了卫国。

【点评】 孔子曾试图游说卫灵公，实施仁政，可卫灵公感兴趣的，只是作战打仗，两人见面时，显然话不投机。

4.88 子见南子，子路不说。夫子矢之曰："予所否者，天厌之！天厌之！"（雍也28）

【注释】 南子：卫灵公的夫人，以美貌著称。当时，卫国政局实际掌控在她手中。说：同悦。矢：同誓，发誓。

【译文】 孔子去见了南子，子路不高兴。孔子发誓说："如果我做了什么不该做的事，让上天嫌弃我吧！让上天嫌弃我吧！"

【点评】 孔子去见南子，有走"后宫路线"之嫌，加上南子有

"淫荡"之名,让子路很不高兴。子路很在乎老师在自己和人们心目中的形象。

4.89 王孙贾问曰:"与其媚于奥,宁媚于灶。何谓也?"子曰:"不然。获罪于天,无所祷也。"（八佾13）

【注释】 王孙贾:卫灵公的大臣。奥:指屋内位居尊贵之神。灶:灶神。

【译文】 王孙贾问:"大家都说,与其奉承奥神,不如奉承灶神。这话是什么意思?"孔子说:"这是不对的。如果得罪了上天,那就没有地方可以祷告了。"

【点评】 卫灵公身边的大臣,显然不是来问学的,而是来探讨现实政治的。奥神较灶神尊贵,但有时灶神比奥神更管用。谈话中是否具体有所指,我们就不知道了。孔子的回答是,种种算计都是错的,人真正不能得罪的只有上天。

4.90 子击磬于卫。有荷蒉而过孔氏之门者,曰:"有心哉,击磬乎!"既而曰:"鄙哉,硁硁乎!莫己知也,斯己而已矣。'深则厉,浅则揭。'"子曰:"果哉!末之难矣。"（宪问39）

【注释】 磬（qìng）:石制乐器。蒉（kuì）:草筐。硁硁（kēng）:击磬的乐音。"深则厉,浅出揭":《诗经·匏有苦叶》中的诗句,意思是水深则穿衣过河,水浅则撩衣蹚水。揭（qì）:提起衣裳。难:诘难。

【译文】 孔子在卫国时,有一次正在击磬,门前走过一位肩扛草筲的人,说:"击磬者心事重重,才这样击磬啊!"听了一会儿,又说:"可悲啊,磬声硁硁。既然没有人理解自己,守住自己就是了。'水深干脆穿衣过河,水浅可以撩衣蹚水。'"孔子说:"说得好坚决啊!没有什么可以诘难的。"

【点评】 孔子在卫国诸事不顺,计划受挫,一时心情郁闷,击磬自娱,磬声里不免透出心绪。这门外"荷蒉"者,似乎不是一般的农人,他能听出孔子的心事,还引了《诗经》之句,对孔子的热衷政治表达了微讽。

4.91 子言卫灵公之无道也,康子曰:"夫如是,奚而不丧?"孔子曰:"仲叔圉治宾客,祝鮀治宗庙,王孙贾治军旅,夫如是,奚其丧?" (宪问19)

【注释】 康子:即季康子。仲叔圉(yǔ):即孔文子。祝鮀:字子鱼,卫国大夫。

【译文】 孔子谈到卫灵公的无道,季康子说:"既然如此,他怎么没有败亡呢?"孔子说:"有仲叔圉接待各国宾客,祝鮀管理宗庙祭祀,王孙贾统领军队,身边有如此贤才,又怎么会败亡呢?"

【点评】 昏君明臣或明君昏臣,尚不至于很快亡国。若是昏君昏臣,亡国之期也就不远了。

4.92 蘧伯玉使人于孔子。孔子与之坐而问焉。曰:"夫子何为?"对曰:"夫子欲寡其过而未能也。"使者出。子曰:"使乎!使乎!" (宪问25)

【注释】 蘧伯玉:卫国的大夫,孔子在卫时曾住在他那里。

【译文】 蘧伯玉派使者拜访孔子。孔子让使者坐下,然后问道:"先生最近在做什么?"使者回答说:"先生努力想减少自己的错误,只是未能做到。"使者走后,孔子说:"好一位使者啊!好一位使者啊!"

【点评】 孔子认为蘧伯玉是当时难得的一位贤者。孔子对其使者的称赞,也就是对其本人的称赞。

4.93 冉有曰:"夫子为卫君乎?"子贡曰:"诺。吾将问之。"入,曰:"伯夷、叔齐何人也?"曰:"古之贤人也。"曰:"怨乎?"曰:"求仁而得仁,又何怨?"出,曰:"夫子不为也。"(述而15)

【注释】 为:帮助之意。卫君:指卫出公,名辄,卫灵公之孙,其父因谋杀卫灵公夫人南子而被逐,灵公死后,他就被立为国君。此时,其父回国与他争位。伯夷、叔齐:古代贤人。兄弟二人曾互相让位,后因反对周武王起兵伐纣,最后"不食周粟",饿死在首阳山中。

【译文】 冉有说:"夫子会帮助卫国的国君吗?"子贡说:"好,我去问他一下。"于是,就进去问孔子:"伯夷、叔齐是什么样的人呢?"孔子说:"古代贤人啊。"又问:"他们有怨恨吗?"孔子说:"他们求仁而得到了仁,为什么要怨恨呢?"出来后,子贡说:"夫子不会帮助卫君。"

【点评】 这是孔子返鲁途中再次在卫国停留时发生的事情。在卫国父子的王位之争中,孔子的立场是站在父亲一边。这倒不是因为这位父亲多么贤明,而是君位的承继有其规制,不容破坏。孔子认为卫君应效仿伯夷、叔齐,让位给父亲,自己求得道德上的完满。

（晋）

4.94 佛肸召，子欲往。子路曰："昔者，由也闻诸夫子曰：'亲于其身为不善者，君子不入也。'佛肸以中牟畔，子之往也，如之何？"子曰："然，有是言也。不曰'坚'乎？磨而不磷；不曰'白'乎？涅而不缁。吾岂匏瓜也哉？焉能系而不食？"（阳货7）

【注释】 佛肸（bì xī）：晋国大夫范氏的家臣，驻守中牟之地。畔：同"叛"。磷：损。涅：一种矿物质，可用作颜料染衣服。缁（zī）：黑色。匏瓜：葫芦的一种。

【译文】 佛肸召孔子去，孔子准备前往。子路说："从前，我听夫子说过：'亲自做过坏事的人那里，君子不去。'佛肸占据中牟之城以反叛，你却要去，这是为什么？"孔子说："是的，我是说过那样的话。有言道：不是有所谓的'坚'吗？磨而不损；不是有所谓的'白'吗？染而不黑。我难道是一个放老了的葫芦吗？只能挂在那里看而不能吃吗？"

【点评】 就像鲁国的公山弗扰反叛后来召孔子一样，晋国的佛肸叛乱后，也召孔子去。有意思的是，孔子的反应都是一样的：想去。孔子想尝试一下"仁政"之心是如此强烈，以至于又有点儿急不择人了，幸亏两次都被子路所劝阻。

（外夷）

4.95 子曰:"夷狄之有君,不如诸夏之亡也。"(八佾5)

【注释】 夷狄:古代中原地区之外的非华夏民族。这称呼有贬义。诸夏:古代中原地区的华夏民族。亡:同无。

【译文】 孔子说:"夷狄各族即使有君主,也不如中原诸国没有君主。"

【点评】 此章历代解释不一,但有一点可以肯定,孔子的思想中有"大汉族倾向",对"夷狄"各族有所轻视,就像认为人有等级一样,他也认为各民族的文明程度高低不同。

4.96 子欲居九夷。或曰:"陋,如之何?"子曰:"君子居之,何陋之有?"(子罕14)

【注释】 九夷:古时对边远少数民族的称呼。陋:落后,闭塞。

【译文】 孔子想要搬到边远异族地区去居住。有人说:"那里太落后闭塞了,如何能住呢?"孔子说:"君子去住了,哪里还会落后闭塞呢?"

【点评】 孔子虽然轻视"夷狄"各族,但并不认为其闭塞落后是一成不变的。文明的标志是有没有君子,而君子是可以传播文明的。

(五)隐士之讽

4.97 微生亩谓孔子曰:"丘何为是栖栖者与?无乃为佞乎?"孔子曰:"非敢为佞也,疾固也。"(宪问32)

【注释】 微生亩:鲁国人,具体不详,看来属于隐逸人士一类。栖栖（xī）：忙碌不安之状。固：固执。

【译文】 微生亩对孔子说："孔丘，你为何总要这样忙碌不安、四处奔波呢？不会是为了展示自己的口才吧？"孔子说："我不敢成为花言巧语之人，只是痛恨人心之顽固啊！"

【点评】 这场对话发生的时间，大概还是孔子年轻之时。那时，孔子在鲁国，正忙于办学、讲课，一心想改变人心。

4.98 长沮、桀溺耦而耕。孔子过之，使子路问津焉。长沮曰："夫执舆者为谁？"子路曰："为孔丘。"曰："是鲁孔丘与？"曰："是也。"曰："是知津矣！"问于桀溺，桀溺曰："子为谁？"曰："为仲由。"曰："是鲁孔丘之徒与？"对曰："然。"曰："滔滔者，天下皆是也，而谁以易之？且而与其从辟人之士也，岂若从辟世之士哉？"耰而不辍。子路行以告。夫子怃然曰："鸟兽不可与同群，吾非斯人之徒与而谁与？天下有道，丘不与易也。"（微子6）

【注释】 长沮、桀溺：两位隐士之名。耦而耕：两个人合力耕作。津：渡口。执舆：执辔，驾车。耰（yōu）：以土覆埋种子。怃然：怅然。

【译文】 长沮、桀溺正在合力耕田，孔子路过，让子路去问他们渡口在哪里。长沮问子路："那个车上手执缰绳的是谁？"子路说："是孔丘。"长沮说："是鲁国的孔丘吗？"子路说："是的。"长沮说："那他应当知道渡口在哪里啊！"子路又去问桀溺。桀溺说："你是谁？"子路说："我是仲由。"桀溺说："是鲁国孔丘之徒吧？"子路说："是的。"桀溺说："天下之势，滔滔如洪水，谁又能改变呢？与其跟着逃避恶人之士东跑西颠，不如像我们这些避世之人一样悠然呢？"一边说着，一边不停地播种、覆土。子路回去将所见所闻告诉了孔子。孔子怅然了一会儿，说："人无法与飞禽走兽合群共处，不与世人相处，又能和谁打交道呢？天下如果有道，我孔丘就不会寻求改变现状了。"

【点评】 这是孔子师徒在周游列国途中发生的故事。两位隐士显然不赞同孔子的政治主张，并对他的积极入世的热情给予极大的嘲讽。孔子也意识到自己与这些高人隐士之间的深刻分歧。同是智者，却有着两种不同的人生态度。

4.99 子路从而后，遇丈人，以杖荷蓧。子路问曰："子见夫子乎？"丈人曰："四体不勤，五谷不分，孰为夫子？"植其杖而芸。子路拱而立。止子路宿，杀鸡为黍而食之，见其二子焉。明日，子路行以告。子曰："隐者也。"使子路反见之。至，则行矣。子路曰："不仕无义。长幼之节，不可废也；君臣之义，如之何其废之？欲洁其身，而乱大伦。君子之仕也，行其义也。道之不行，已知之矣。"

（微子7）

【注释】 荷：肩扛。蓧（diào）：古时农具。芸：同耘，锄草。黍（shǔ）：小米。

【译义】 子路跟随孔子出行，落在了后面，路上遇到一个老丈，用拐杖挑着农具。子路问道："您看到夫子了吗？"老丈说："四肢不勤快，五谷分不清，怎么能称夫子呢？"说着，将拐杖插在地上，开始除草。子路只好在一旁拱手恭立。老丈带子路到家中留宿，杀鸡、蒸饭给他吃，还叫来两个儿子与他见面。次日，子路上路，追赶上孔子，将事情告诉了他。孔子听后，说："是个隐士啊！"叫子路返回去再看看他。子路回到那里，老丈已经离去。子路说："不仕是不义的。长幼间的礼节都不可废弃，君臣间的关系又怎么能不顾呢？一心只顾自身清白，不想却破坏了根本的人伦关系。君子出仕，是为了践行道义。至于大道难行，那是早就知道了的事情。"

【点评】 如同上一章中的两位隐士一样，这位"荷蓧"老丈，也不像是寻常之辈。有意思的是，古时隐者，都要亲自下田劳作，以此才能不食"周粟"，保持精神上的独立。最后一段"子路曰"，揣摩其口吻，似乎有可能是"子曰"之误。在儒家看来，君臣关系，是人伦关系的一种，因此，不可废弃。其实，人伦不可废弃，并不意味着君臣关系的永恒。今日之"共和"，实质上，就是一种取代"君臣"的新人伦关系。

4.100 楚狂接舆歌而过孔子，曰："凤兮！凤兮！何德之衰？往者不可谏，来者犹可追。已而！已而！今之从政者殆而！"孔子下，欲与之言。趋而辟之，不得与之言。 （微子5）

【注释】接舆：人名，楚国狂人。

【译文】楚国的狂人接舆，一边唱着歌，一边从孔子的车旁走过。他唱道："凤鸟啊，凤鸟啊，如今的德运为什么会如此衰败啊？过去的，已不可改变；未来的，还来得及悔改。算了吧！算了吧！今天的执政者，危在旦夕啊！"孔子下车，想与他交谈。他却赶快躲开了,孔子没能和他说上话。

【点评】 此章中没有"子曰"。不是孔子不想"曰",而是对方没有给他机会说话。其实,面对这位楚国狂士的讽劝,孔子又能说些什么呢?现实处境的险恶,不是看不清楚,但不同的人,仍会有不同的选择。孔子此处有不言之言。

五、臧否人物

在与弟子们论学议政之时，孔子对现实中和历史上的许多人物，给予或好或坏的评价，其评人论事，始终以"仁"为衡量标准。

（一）同代之人

（鲁国人物）

4.101 陈司败问昭公知礼乎，孔子曰："知礼。"孔子退，揖巫马期进之，曰："吾闻君子不党，君子亦党乎？君取于吴，为同姓，谓之吴孟子。君而知礼，孰不知礼？"巫马期以告。子曰："丘也幸，苟有过，人必知之。"（述而31）

【注释】陈司败：陈国官员。昭公：鲁国君主，名裯，"昭"是其谥号。巫马期：孔子弟子。姓巫马名施，字子期。党：偏袒、包庇的意思。取：同娶。为同姓：鲁、吴两国的国君同为姬姓。吴孟子：即鲁昭公夫人。

【译文】陈司败问："鲁昭公懂礼吗？"孔子回答："懂礼。"孔子退出后，陈司败向巫马期作揖，请他进来，对他说："我听说，君子不党，难道君子还能偏袒人吗？鲁君娶了吴国同姓之女为夫人，两国国君同姓，所以称她为吴孟子。如果鲁君知礼，还有谁不知礼呢？"巫马期将这些话告诉了孔子。孔子说："我孔丘真是幸运啊，如果有点儿错，别人一定会知道。"

【点评】陈国官员问孔子鲁昭公是否"知礼"，也许是出于"爱国"之情或"为尊者讳"的心理，孔子几乎不假思索地就给予肯定的回答。不过，鲁昭公娶同姓之女为夫人，违反了周礼"同姓不婚"的规定，显然不是"知礼"的楷模。当别人指出这种矛盾现象时，孔子也只好自嘲地承认自己的确偏袒了鲁昭公。礼，是仁的体现，在孔子看来，具有普世价值，其重要性超过一国一君。

4.102 子曰："孟之反不伐，奔而殿，将入门，策其马，曰：'非敢后也，马不进也。'"（雍也15）

【注释】孟之反：鲁国大夫。伐：夸耀。奔：败走。殿：殿后。

【译文】孔子说："孟之反从不夸耀自己。军队败退之时，他殿后掩护。入城门之时，却鞭打着自己的马说：'不是我勇于殿后，实在是马跑得不快啊。'"

【点评】这位名叫孟之反的鲁国大夫，很有君子品德，可以作为"先难而后获"（雍也22）的典型。

4.103 子曰："孟公绰为赵、魏老则优，不可以为滕、薛大夫。"（宪问11）

【注释】孟公绰：鲁国大夫，是孔子敬重的先贤。老：指古代大夫的家臣。滕、薛：诸侯小国。

【译文】孔子说:"孟公绰做晋国赵氏、魏氏的家臣,才华绰绰有余,却做不了滕、薛这样小国的大夫。"

【点评】孔子曾在另一章中赞扬"公绰之不欲"(宪问12),为什么说他可以做大国诸侯的家臣而不能做小国的大夫呢?孔子没有详细解释,但应该与其"不欲"有关。

4.104 季文子三思而后行。子闻之,曰:"再,斯可矣。"
(公冶长20)

【注释】季文子:姓季孙名行父,鲁成公时的正卿,"文"是其谥号。

【译文】季文子做事之前总要反复考虑三次。孔子听说后,说:"考虑两次,也就可以了。"

【点评】孔子认为季文子谨慎小心有点儿过度,变成了犹豫不决。

4.105 原壤夷俟。子曰:"幼而不孙弟,长而无述焉,老而不死,是为贼。"以杖叩其胫。 (宪问43)

【注释】原壤:鲁国人,可能是孔子的乡亲邻里。夷:又开双腿而坐。俟(sì):等候。孙弟:同逊悌。

【译文】原壤叉开双腿坐着,等候孔子。孔子见了他就说:"年幼之时,不讲孝悌;成年之后,又一事无成,没有什么值得称赞的;如今老了,还拖着不死,真是祸害之人啊!"说着,用拐杖敲打他的小腿。

【点评】孔子很少骂人,对这个原壤却是例外,说了狠话,还以杖击其腿。看来,原壤也许实在太令人讨厌了,让修养如此好的孔子也按捺不住心中的怒火。仁者爱人，但如何爱讨厌之人，是一个难题。

4.106 阙党童子将命。或问之曰："益者与？"子曰："吾见其居于位也，见其与先生并行也，非求益者也，欲速成者也。"（宪问 44）

【注释】阙党：即阙里，孔子居住的地方。将命：在宾主之间传言。居于位：童子与长者同坐。

【译文】阙里的一个童子，负责在宴会为宾主传话。有人问孔子："这是一个求上进的孩子吗？"孔子说："我看见他坐在成人之位，又见他与长辈并行，不像是一个求好向上的人，而是个急于求成的人。"

【点评】孔子看人，观察细节，却能着眼大处。在这个积极活跃的童子身上，他看到的不是自然生长的仁德情怀，而是急切的功名之心。

4.107 互乡难与言，童子见，门人惑。子曰："与其进也，不与其退也，唯何甚？人洁己以进，与其洁也，不保其往也。"（述而 29）

【注释】互乡：地名。与：赞许。不保：不纠缠。

【译文】互乡那个地方的人很难打交道，一个童子却受到孔子的接见，弟子们对此感到迷惑不解。孔子说："我是在赞许他的进步，而不是肯定他的退步。何必做得太过分呢？一个人如能洁身律己以求进步，就应肯定他的努力，而不要总记着人家的过去。"

【点评】又是一个童子的故事。对这位大家都不大看好的童子,孔子的态度却有所不同,对于他身上表现出来的进步,哪怕十分微小,都给予鼓励。

(各国人物)

4.108 子张问曰:"令尹子文三仕为令尹,无喜色;三已之,无愠色。旧令尹之政,必以告新令尹。何如?"子曰:"忠矣。"曰:"仁矣乎?"曰:"未知。焉得仁?""崔子弑齐君,陈文子有马十乘,弃而违之。至于他邦,则曰:'犹吾大夫崔子也。'违之。之一邦,则又曰:'犹吾大夫崔子也。'违之。何如?"子曰:"清矣。"曰:"仁矣乎?"曰:"未知。焉得仁?" (公冶长19)

【注释】令尹子文:楚国著名宰相。姓斗,名縠,字於菟,又字子文。令尹,楚国官名,相当于宰相。三已:三次罢免。崔子:即崔杼(zhù),齐国大夫,曾杀死齐庄公。陈文子:名须无,陈国大夫。

【译文】子张问:"楚国令尹子文三次做楚国宰相,没有喜形于色;三次被罢免,也没有露出怨恨之情。每次交接时,还一定将自己所管理的政事全部告诉新宰相。这个人怎么样?"孔子说:"算得上忠了。"子张问:"算得上仁吗?"孔子说:"不知道。这怎么说得上仁呢?"又问:"崔杼杀了齐君,陈文子家有马四十匹,舍弃不要,离开齐国。到了他国,他说:'此处当政者和齐国崔杼差不多。'再离去。到了另一国,又说:'此处当政者和齐国崔杼差不多。'又离去。这个人怎么样？"孔子说："算得上清了。"子张说："算得上仁了吗？"孔子说："不知道。这怎么说得上仁呢？"

【点评】楚国的令尹子文和齐国的陈文子，都是孔子敬重之人。他们一个忠于君主，一个不与逆臣共事，达到了"忠"与"清"，但孔子不认为他们二人达到了"仁"的高度。

4.109 子曰："晏平仲善与人交，久而敬之。"（公冶长17）

【注释】晏平仲：即晏子，姓晏名婴，字平仲，齐国名相，有贤名。

【译文】孔子说："晏平仲善于与人交朋友，相识久了，大家都会敬仰他。"

【点评】贤者的风范。

4.110 子曰："宁武子，邦有道，则知；邦无道，则愚。其知可及也，其愚不可及也。"（公冶长21）

【注释】宁武子：姓宁名俞，卫国大夫，"武"是其谥号。知：同智。愚：装傻之意。

【译文】孔子说："宁武子这个人啊，邦国有道之时，他就变得很聪明；邦国无道之时，他就装得很愚笨。他的聪明，别人可以学得到；他的愚笨，别人可就学不到了。"

【点评】智者的深度。

4.111 子曰："直哉史鱼！邦有道，如矢；邦无道，如矢。君子哉蘧伯玉！邦有道，则仕；邦无道，则可卷而

怀之。"（卫灵公7）

【注释】史鱼：名鳅，字子鱼，卫国大夫。矢：箭。

【译文】孔子说："史鱼真是正直之人啊！邦国有道，其直如箭一样；邦国无道，其直也如箭一样。蘧伯玉，也真是君子啊！邦国有道，就出来为官从政；邦国无道，就像书册一样，可卷而藏入怀中。"

【点评】可直可卷，可进可退，君子处世之道。

4.112 子谓卫公子荆善居屋："始有，曰：'苟合矣。'少有，曰：'苟完矣。'富有，曰：'苟美矣。'"（子路8）

【注释】卫公子荆：姓姬名荆，字南楚，卫国公子，被视为有德之人。善居室：善于持家过日子。苟：差不多。合：足够。

【译文】孔子评论卫国公子荆，说他善于持家过日子："家里刚开始富足时，就说：'差不多了，足够了。'富裕起来后，又说：'差不多了，完备了。'真正富有时，又说：'差不多了，完美了。'"

【点评】勤俭知足，君子持家之道。

4.113 仲弓问子桑伯子。子曰："可也，简。"仲弓曰："居敬而行简，以临其民，不亦可乎？居简而行简，无乃大简乎？"子曰："雍之言然。"（雍也2）

【注释】仲弓：即冉雍，孔子弟子。子桑伯子：又称桑户、子桑户，隐士一类人物，生平不详，应是一位崇尚简约之人。

【译文】 仲弓问子桑伯子这个人怎么样。孔子说:"此人可以,特点是简。"仲弓说:"处世恭敬而行事简明,这样治理民众,不是也可以吗?如果处事简慢,又行事简单,是不是就过于简单了呢?"孔子说:"冉雍这话说得对。"

【点评】 简而不繁,君子办事之道。

4.114 子贡问曰:"孔文子何以谓之'文'也?"子曰:"敏而好学,不耻下问,是以谓之'文'也。"（公冶长 15)

【注释】 孔文子:姓仲叔名圉(yǔ),卫国大夫,"文"是其谥号。

【译文】 子贡问道:"为什么给孔文子一个'文'的谥号呢?"孔子说:"他聪明又好学,不以向地位低下的人请教为耻,所以,他的谥号为'文'。"

【点评】 不耻下问,君子好学之道。

4.115 子问公叔文子于公明贾曰:"信乎?夫子不言、不笑、不取乎?"公明贾对曰:"以告者过也。夫子时然后言,人不厌其言;乐然后笑,人不厌其笑;义然后取,人不厌其取。"子曰:"其然。岂其然乎?"（宪问 13)

【注释】 公叔文子:姓公孙名拔,卫国大夫。公明贾:姓公明字贾,卫国大夫。

【译文】 孔子向公明贾打听公叔文子,问:"真的吗?听说先生不说、不笑、不取钱财?"公明贾回答:"告诉你这话的人说得不对啊。先生到该说时才会说,别人从不厌烦他说;到高兴时才会笑,别人从不厌烦他笑;合乎道义的钱财才会取,别人从不厌恶他取。"孔子说:"原来如此。难道不是如此吗?"

【点评】 义然后取,君子取财之道。

4.116 公叔文子之臣大夫僎,与文子同升诸公。子闻之曰:"可以为'文'矣!"（宪问18）

【注释】 僎（xuǎn）:人名,公叔文子的家臣。升诸公:由家臣升为大夫。

【译文】 公叔文子的家臣僎和文子一同提升为大夫。孔子听说后,说:"死后也可以得到'文'的谥号了。"

【点评】 公叔文子的谥号为"文",孔子故有此评论。

4.117 子曰:"不有祝鲍之佞,而有宋朝之美,难乎免于今之世矣。"（雍也16）

【注释】 祝鲍（tuó）:据说能言善辩。宋朝:宋国公子,传说有美色。

【译文】 孔子说:"没有祝鲍那样的口才,而只有宋朝那样的美貌,在当今社会上也是难以避祸免灾的。"

【点评】 祝鲍和宋朝,一个有出众的口才,一个有出色的容貌,有人认为,正好代表着"巧言"和"令色"。这两者都不是孔子所赞赏的。此处孔子也许是在感叹,在这个社会,只有"巧言"和"令色"兼备之人,才能生存下去。

（二）历史人物

（圣王）

4.118 子曰："大哉，尧之为君也！巍巍乎，唯天为大，唯尧则之。荡荡乎，民无能名焉。巍巍乎，其有成功也！焕乎，其有文章！"（泰伯19）

【注释】尧：中国古代最著名的圣君。则：效法。

【译文】孔子说："伟大啊！尧这样的君王！多么崇高啊。天为最高，只有尧才能效法于天。多么宽广浩荡啊，民众已无法用语言来颂扬他。如此宏伟，是他的功绩；如此光辉，是他的文治！"

【点评】尧是中国历史上的圣君，自然也是"仁政"的创始者。孔子在历代圣王身上，寄托着自己的仁政理想。

4.119 子曰："巍巍乎，舜禹之有天下也，而不与焉。"（泰伯18）

【注释】舜、禹：舜是尧之后的圣君，而禹是舜之后的圣君，也是夏朝的第一个国君。传说，尧禅让给舜，舜又禅让给禹。与：参与。

【译文】孔子说："多么伟大啊！舜和禹得到天下，不是自己谋划来的。"

【点评】在孔子看来，王者，应以德行得天下，而不应以武力争天下。因此，远古的"禅让"，一直成为儒家的神话。此章历代有多种解释，主要是对"与"字的不同理解。另有将"不与"释为"无为而治",亦通。

4.120 子曰:"无为而治者,其舜也与!夫何为哉?恭己正南面而已矣。"（卫灵公5）

【注释】无为而治:以"无为"而使天下大治。

【译文】孔子说:"能够无为而治的人,大概只有舜了吧!他做了什么呢?只是端坐在朝南的王位上而已。"

【点评】此处孔子赞扬舜的"无为而治",似乎与道家倡导的"无为而治"有所区别。正如下一章中所言,舜的"无为而治",是因为他会选用人才。

4.121 舜有臣五人,而天下治。武王曰:"予有乱臣十人。"孔子曰:"才难,不其然乎?唐虞之际,于斯为盛。有妇人焉,九人而已。三分天下有其二,以服事殷。周之德,其可谓至德也已矣。"（泰伯20）

【注释】舜有臣五人:传说是禹、稷、契、皋陶、伯益等。乱臣:此处的"乱臣",应是"治乱之臣"。唐虞之际:尧舜的时代。传说尧在位之时为"唐",舜在位之时为"虞"。斯:指周武王时期。有妇人焉:指武王之妻。

【译文】舜有五位贤臣,就天下大治。周武王也说过:"我有十个治乱能臣。"孔子评论道:"人才难得。难道不是这样吗?自尧舜时代以来,特别到了周武王之时,人才最盛。十位能臣中,有一位是其夫人,其实,只有九个人而已。周文王得到了天下的三分之二,仍然侍奉商殷。周朝之德,可以说到达了最高的境界。"

【点评】圣王们所以能"无为而治",是因为能够选用人才。此章好像是对上一章主旨的进一步解释和发挥。

4.122 子曰:"禹,吾无间然矣。菲饮食,而致孝乎鬼神;恶衣服,而致美乎黻冕;卑宫室,而尽力乎沟洫。禹,吾无间然矣。"(泰伯21)

【注释】间:空隙。此处有非议之意。菲:薄、少。致:努力。黻冕(fú miǎn):祭祀时穿戴的礼服和帽子。卑:低矮。沟洫(xù):沟渠。

【译文】孔子说:"对于禹,我没有什么可以非议的了。饮食简单,而努力供奉鬼神;衣装简朴,而祭祀时礼服华美;宫室低矮,而致力于挖沟修渠。对于禹,我实在没有什么可以非议的了。"

【点评】孔子对尧、舜是无限颂扬,对禹是高度评价。语气之间,略有差别。

4.123 南宫适问于孔子曰:"羿善射,奡荡舟,俱不得其死然。禹、稷躬稼而有天下。"夫子不答。南宫适出,子曰:"君子哉若人!尚德哉若人!"(宪问5)

【注释】南宫适:即南容,孔子前期弟子。羿(yì):即后羿,那位射日英雄。传说为夏代有穷国国君,曾谋篡夏朝王位,后被其部将寒浞所杀。奡(ào):传说是寒浞之子,以力大著称,后被夏朝少康所杀。稷:传说是周朝祖先,善稼。

【译文】南宫适向孔子请教:"羿善于射箭,奡善于荡舟,却都不得好死。禹和稷,亲自耕田种粮,却得到了天下。"孔子没有回答。南宫适出去后,孔子说:"君子啊,就像这个人一样!崇尚道德啊!就像这个人一样!"

【点评】孔子对南宫适大加称赞,因为他说出了儒家的基本权力观——仁者得天下。

(名臣)

4.124 子曰:"泰伯其可谓至德也已矣。三以天下让,民无得而称焉。"（泰伯1）

【注释】泰伯:周代始祖古公亶父的长子。他知道父亲有意将君位传给三弟季历（文王之父）,便带着二弟出走吴地。

【译文】孔子说:"泰伯可以说是达到最高品德之人了。三次将天下让出,民众都无法找到合适的语言来赞颂他。"

4.125 微子去之,箕子为之奴,比干谏而死。孔子曰:"殷有三仁焉!"（微子1）

【注释】微子:殷代纣王同母兄长,屡谏纣王,不听,最后离去。箕子:纣王叔父,劝纣王,不听,便披发装疯,后被贬为奴。比干:纣王的叔父,多次强谏纣王,纣王怒而杀之。

【译文】微子被迫离开,箕子被贬为奴,比干进谏而被杀。孔子说:"殷代有三位仁人啊!"

4.126 子谓子产:"有君子之道四焉:其行己也恭,其事

上也敬,其养民也惠,其使民也义。"（公冶长16）

【注释】子产:姓公孙名侨,字子产,郑国贤相,执政20多年,郑国大治。

【译文】孔子评论子产说:"他有君子之四德:自己行为庄重,侍奉君主恭敬,爱护百姓有恩惠,役使百姓有法度。"

【点评】郑国子产是孔子极为敬仰的前辈政治家。从子产的为政之道中,孔子看到了"仁政"的影子。

4.127 子曰:"为命,裨谌草创之,世叔讨论之,行人子羽修饰之,东里子产润色之。"（宪问8）

【注释】命:政令。裨谌:人名,郑国大夫。世叔:姓游名吉,郑国大夫。行人:官名,掌管外交事务。子羽:人名,姓公孙名挥,字子羽,郑国大夫。东里:地名,子产的住地。

【译文】孔子说:"郑国发布政令,先由裨谌起草,再与世叔商议,负责使臣事务的官员子羽加以修饰,最后由子产润色改定。"

4.128 或问子产。子曰:"惠人也。"问子西。曰:"彼哉!彼哉!"问管仲。曰:"人也,夺伯氏骈邑三百,饭疏食,没齿无怨言。"（宪问9）

【注释】子西:指公孙夏,子产的兄弟,子产之后曾主政。管仲:姓管名夷吾,字仲,齐国名相,曾辅助齐桓公成为诸侯霸主。伯氏:齐国大夫。骈邑:地名,伯氏的食邑。没齿:死。

【译文】有人问子产是一个怎样的人,孔子说:"惠人之人。"又问子西,孔子说:"他呀!他呀!"又问管仲,孔子说:"是个人物。把伯氏骈邑的三百户夺走了,让人家一辈子粗茶淡饭,老死时,还没有怨言。"

【点评】孔子对郑国子产的赞扬几乎没有什么保留,对齐国的名相管仲,却有着极为矛盾的心态:一方面,对其治国安邦的才干,深为佩服;一方面,又对其某些做法,甚为不满。这在下面几章中充分表现出来。

4.129 子路曰:"桓公杀公子纠,召忽死之,管仲不死。"曰:"未仁乎?"子曰:"桓公九合诸侯,不以兵车,管仲之力也。如其仁!如其仁!"（宪问16）

【注释】齐桓公:姓姜名小白,齐国国君,曾是春秋五霸之一。公子纠:齐国公子,齐桓公之兄,曾与齐桓公争位,被杀。管仲曾是其家臣。召忽:像管仲一样,也是公子纠的家臣。九合诸侯:九次诸侯盟会。

【译文】子路说:"齐桓公杀了公子纠,召忽以死殉之,管仲却活了下来。"又说:"他这样算不上仁吧?"孔子说:"桓公九次召集诸侯盟会,不靠兵戎军旅,都是管仲之力啊。这就是他的仁德!这就是他的仁德!"

【点评】管仲未能为主人而死,反而归服于齐桓公,似乎没能"尽忠",但孔子评论历史人物,从大处着眼,认为管仲之"仁",是"大仁",其政治功绩,不能抹杀。

4.130 子贡曰:"管仲非仁者与?桓公杀公子纠,不能死,又相之。"子曰:"管仲相桓公,霸诸侯,一匡天下,民到于今受其赐。微管仲,吾其被发左衽矣!岂若匹夫匹妇之为谅也,自经于沟渎而莫之知也?"

(宪问 17)

【注释】微:假设之语,意思是"如果没有"。被发左衽:被,同披。衽,衣襟。披散头发,衣襟左开,是蛮夷之俗。谅:遵守信用。这里指小节小信。自经:上吊自杀。渎:沟渠。

【译文】子贡问:"管仲算不上是仁人吧?桓公杀了公子纠,他不能为之死,反而做了桓公的宰相。"孔子说:"管仲辅佐桓公,称霸诸侯,匡正天下,民众至今还受惠。如果没有管仲,我等恐怕早像蛮族那样披头散发,衣襟左开了。怎么能像普通百姓那样,为了恪守小节,在小沟渠里自我了断而无人知道啊?"

【点评】像子路一样,子贡对管仲的私德也有非议,但孔子仍坚持自己的观点:管仲为政,让天下人受益,就是一种"大仁"。在这个意义上,个人品德是否完美倒在其次了。

4.131 子曰:"管仲之器小哉!"或曰:"管仲俭乎?"曰:"管氏有三归,官事不摄,焉得俭?""然则管仲知礼乎?"曰:"邦君树塞门,管氏亦树塞门。邦君为两君之好,有反坫,管氏亦有反坫。管氏而知礼,孰不知礼?" (八佾 22)

【注释】三归:三处府邸。另有解释为三成市租或三处府库。取"府邸"说,因为全章讲的诸事都与府邸有关。摄:兼任。树塞门:树,树立;塞门,大门外的短墙,如照壁。反坫(diàn):君王宴会时置放空酒杯的设施。

【译文】孔子说:"管仲这个人的气度小了一点啊!"有人问:"管仲节俭吗?"孔子说:"管仲有三处府邸,府中管家役人都不兼职,哪里谈得上节俭呢?"又问:"那么,管仲知礼吗?"孔子回答:"国君官门外设立照壁,管仲也在府门外设立照壁;国君为别国国君举行国宴时,备有置放空酒杯的设施,管仲也备有这样的设施。如果管仲知礼,还有谁不知礼呢?"

【点评】孔子一再为管仲早年不能"死节"而辩护,但对其奢靡和"逾礼",还是忍不住地给予抨击。

(贤者)

4.132 子曰:"伯夷、叔齐不念旧恶,怨是用希。"(公冶长23)

【注释】伯夷、叔齐:古代贤人。希:同稀。

【译文】孔子说:"伯夷、叔齐两人不念旧恶,怨恨因此就越来越少了。"

【点评】伯夷、叔齐是古代公认的贤人,是道德楷模。这里,孔子主要赞赏他们宽以待人的品德。

4.133 逸民:伯夷、叔齐、虞仲、夷逸、朱张、柳下惠、少连。子曰:"不降其志,不辱其身,伯夷、叔齐与?"谓柳下惠、少连:"降志辱身矣。言中伦,行中虑,其斯而已矣!"谓虞仲、夷逸:"隐居放言,身中清,废中权。我则异于是,无可无不可。"(微子8)

【注释】逸：同佚。散落、遗失。虞仲、夷逸、朱张、柳下惠、少连：都是古代贤人。

【译文】散落在民间的贤人有：伯夷、叔齐、虞仲、夷逸、朱张、柳下惠、少连。孔子说："不降低自己的志向，不屈辱自己的身份，这就是伯夷、叔齐吧？"评论柳下惠、少连时说："降低了自己的志向，屈辱了自己的身份，但言谈合乎道理，行为经过熟虑，应该只能如此吧？"评论虞仲、夷逸时说："隐世而居，随性放言，而能洁身自爱，也是流离生活中的权宜之计。我与这些人都不同，没有什么可以的，也没有什么不可以的。"

【点评】贤人隐居于世，散落民间，有各自不同的活法。孔子知道自己不同于这些隐士高人，他不是不能过这种隐逸生活，只是不愿放弃自己的"仁政"理念。

4.134 子曰："巧言，令色，足恭，左丘明耻之，丘亦耻之。匿怨而友其人，左丘明耻之，丘亦耻之。"

（公冶长25）

【注释】足恭：过分恭敬。左丘明：姓左丘名明，鲁国人，贤者。匿怨：暗地里怨恨。

【译文】孔子说："花言巧语，脸上堆笑，过分逢迎，左丘明以此为耻，我孔丘也以此为耻。心中暗藏怨恨，表面却和人友好，左丘明以此为耻，我孔丘也以此为耻。"

【点评】巧言、令色，向来是孔子最为痛恨的，加上"足恭"，都是没有诚意的虚伪行为。

（其他）

4.135 子曰："晋文公谲而不正；齐桓公正而不谲。"（宪问 15）

【注释】晋文公：姓姬名重耳，晋国国君，曾是春秋五霸之一。谲（jué）：欺诈。

【译文】孔子说："晋文公诡诈而不正派，齐桓公正派而不诡诈。"

4.136 子曰："臧文仲居蔡，山节藻棁，何如其知也？"（公冶长 18）

【注释】臧文仲：姓臧孙名辰，鲁国大夫，"文"是其谥号。蔡：国君占卜所用的大龟，因多产于蔡地，故又称为"蔡"。山节藻棁：节，柱上斗拱。棁（zhuō）：梁柱。将斗拱雕成山形，在梁上绘画水草花纹。这都是古时天子殿堂的装饰。

【译文】孔子说："臧文仲养了一只大龟，藏龟之处还雕梁画栋，真不知他的智商如何？"

【点评】在孔子眼里，这位鲁国的官场前辈，是一个负面典型。此章说他"违礼"之举，下一章又讲他见贤不荐。

4.137 子曰："臧文仲其窃位者与？知柳下惠之贤而不与立也。"（卫灵公 14）

【注释】窃位：居官位而不称职。柳下惠：姓展名获，字禽，其受封之地为"柳下",惠是私谥,故人称"柳下惠"。他是鲁国的贤者。

【译文】孔子说:"臧文仲该算是一个窃居官位的人吧?明知道柳下惠是一个贤人,他却不举荐他一起为官。"

4.138 子曰:"孰谓微生高直?或乞醯焉,乞诸邻而与之。"
(公冶长24)

【注释】微生高:姓微生名高,鲁国人。据说为人直率。醯(xī):即醋。

【译义】孔子说:"谁说微生高这个人直率呢?有人向他讨点儿醋,他从邻居家那里讨来,再给人家。"

【点评】孔子对微生高这种"做好事"的方式,似乎不以为然。

4.139 子张曰:"《书》云:'高宗谅阴,三年不言。'何谓也?"子曰:"何必高宗,古之人皆然。君薨,百官总己以听于冢宰三年。"(宪问40)

【注释】高宗:指商王武宗,即武丁。谅阴:古时天子守丧所居之处。薨(hōng):君王之死的特称。冢宰:官名,相当于后世的宰相。

【译文】子张说:"《尚书》上说:'高宗守丧,三年不谈政事。'这是什么意思?"孔子说:"不仅是高宗,古人皆是如此。国君去世,百官各司其职,听命于冢宰三年。"

【点评】子女为父母守丧三年的习俗由来已久,国君亦不能免。新君即位,先要守丧三年。

4.140 子曰:"吾之于人也,谁毁谁誉?如有所誉者,其有所试矣。斯民也,三代之所以直道而行也。"
(卫灵公 25)

【注释】试:考察。

【译文】孔子说:"我对别人,诋毁过谁?赞誉过谁?如果有所赞誉,一定是经过检验的。正是这些人,使得夏商周三代能够直道而行。"

〖哲思篇第五〗

一、天命

"仁"下植人性,上合天道。"仁"之行于天下,是天命,而孔子坚信自己肩负着实现这一天命的使命。

5.1　子畏于匡,曰:"文王既没,文不在兹乎?天之将丧斯文也,后死者不得与于斯文也;天之未丧斯文也,匡人其如予何?"（子罕5）

【注释】　畏:围困。匡:地名,卫国邑城。文王:即周文王,姓姬名昌,周朝开国之君周武王之父。兹:此处。如予何:奈我何。

【译文】　孔子在匡城受到了围困,说:"周文王已经死了,周代礼乐的传承不是都落在我身上了吗?如果上天要让这种礼乐文化消亡,像我这样的后世之人就不可能掌握它;如果上天不想让礼乐文化消亡,匡人又能把我怎么样呢?"

【点评】　孔子超强的使命感来自一个简单的信念:是上天让他将周朝礼乐文化传承下去。如果这是上天的意志,那么,他就不会遭遇任何不测,因为天下只有他一人懂得并能传承这种礼乐文化了。

5.2 子曰:"天生德于予,桓魋其如予何?" (述而 23)

【注释】 桓魋(tuí):宋国大司马。

【译文】 孔子说:"上天将仁德赋予我,桓魋又能把我怎么样?"

【点评】 孔子路经宋国,桓魋曾派兵追杀。为什么要追杀呢?史书没有明言,但孔子又一次表现出无所畏惧之态,其信念依旧是,既然上天赋予他使命,那么,还有什么人能阻挡和伤害他呢?

5.3 公伯寮愬子路于季孙,子服景伯以告,曰:"夫子固有惑志于公伯寮,吾力犹能肆诸市朝。"子曰:"道之将行也与?命也;道之将废也与?命也。公伯寮其如命何!" (宪问 36)

【注释】 公伯寮:姓公伯名寮,字子周,孔子弟子,品德似乎较差。子路:姓仲名由,字子路,又字季路,鲁国人。孔子前期最重要的弟子之一。愬(sù):同诉,告发。子服景伯:鲁国大夫,姓子服名伯,"景"是其谥号。肆诸市朝:处死后陈尸示众。

【译文】 公伯寮向季孙氏告发子路。子服景伯将此事告诉孔子,并说:"季孙氏虽已被公伯寮蛊惑了,但我仍有力量杀了公伯寮,将他陈尸于市。"孔子说:"道会行于天下吗?这是天命;道会不行于天下吗?这也是天命。公伯寮对天命又能如何?!"

【点评】 孔子将大道行于天下视为一种历史的必然，从这个意义上讲，某一个人或某一件事，无法改变这一历史进程。

5.4 子曰："莫我知也夫！"子贡曰："何为其莫知子也？"子曰："不怨天，不尤人，下学而上达。知我者，其天乎？" （宪问35）

【注释】 尤：责怪。子贡：姓端木名赐，字子贡，卫国人，孔子前期最重要的弟子之一。

【译文】 孔子说："没有人了解我啊！"子贡说："为什么说没有人了解您呢？"孔子说："我不抱怨天，不责怪人，下学人事而上达天意。了解我的，只有上天吧？"

【点评】 肩负使命之人，有时会有孤独感，孔子似乎也不例外。

5.5 子曰："予欲无言。"子贡曰："子如不言，则小子何述焉？"子曰："天何言哉？四时行焉，百物生焉，天何言哉？" （阳货19）

【注释】 予：我。

【译文】 孔子说："我想不说话了。"子贡说："您如果不说话，我们这些学生还传述什么呢？"孔子说："天何尝说话呢？四季运行，百物生长。天何尝说话呢？"

【点评】 仁，下植人性，上合天意。人性可说，天意难言。孔子学说中，有关"性与天道"的思想，几乎完全没有留存下来。

5.6 子曰："凤鸟不至，河不出图，吾已矣夫！" （子罕9）

【注释】 凤鸟：传说中的神鸟，其出现象征着"圣王"出世。河不出图：上古伏羲氏时，传说黄河中有龙马跃出，背负八卦之图，称为"河图"。这也是"圣王"出世的征兆。

【译文】 孔子说："凤鸟不再来了，黄河也不再出现河图。我一生也就如此结束了！"

【点评】 孔子的坚定信念和超强使命感，晚年时也掺入一丝怀疑。他知道在有生之年，自己是看不到"大道之行"的仁政盛世了。下一代人呢？他没说。

二、鬼神

孔子对鬼神之类超经验事物，一般采取的是"存而不论"的明智态度。

5.7 祭如在，祭神如神在。子曰："吾不与祭，如不祭。"（八佾12）

【译文】 祭祀的时候，要像被祭祀者就在面前一样。祭神的时候，要像神就在面前一样。孔子说："我不能亲自参加祭祀的时候，就如同没有祭祀一样。"

【点评】 "祭神如神在"，讲的不一定是虔诚，而是明智的态度。没有参加祭祀呢？就不要装得像是祭祀过似的。

5.8 季路问事鬼神。子曰："未能事人，焉能事鬼？""敢问死？"曰："未知生，焉知死？"（先进12）

【注释】 季路：即子路。

【译文】 子路问该怎样去侍奉鬼神。孔子说："还没能将人侍奉好，怎么能侍奉好鬼神呢？"子路又问："请问死是怎么回事？"孔子回答："活着的道理还没能搞明白，怎么能懂得死呢？"

【点评】 孔子故意绕开了子路关于"鬼"和"死"的问题,也许是不想回答,更可能是难以回答。孔子的学说,讲的是人世间的道理,所以,他对子路的回答,也是大实话。

5.9 樊迟问知。子曰:"务民之义,敬鬼神而远之,可谓知矣。"（雍也22）

【注释】 樊迟:姓樊名须,字子迟,鲁国人,孔子早期年轻的弟子。知:同智。

【译文】 樊迟问孔子怎样才算是智。孔子说:"管理民众要尽力遵循道义,尊敬鬼神但要远离他们,这就可以说是智了。"

【点评】 将"敬鬼神而远之"称为"智",可见孔子对鬼神的基本态度。此章原文后面还有樊迟问仁,另列。

5.10 子疾病,子路请祷。子曰:"有诸?"子路对曰:"有之。《诔》曰:'祷尔于上下神祇。'"子曰:"丘之祷久矣。"（述而35）

【注释】 请祷:向鬼神祈求和祷告。《诔》(lěi):祈祷之文。神祇(qí):古代称天神为神,地灵为祇。

【译文】 孔子病重,子路请向鬼神祈祷。孔子说:"有这样的事吗?"子路说:"有啊。《诔文》上说:'为你向天神地灵祈祷。'"孔子说:"我已祈祷很久了。"

【点评】 孔子对神灵之事,虽不迷信,也不坚决否认,而是在心中留出空间,容而存之。

5.11 子曰:"非其鬼而祭之,谄也;见义不为,无勇也。"
(为政 24)

【注释】谄:谄媚。

【译文】孔子说:"不该祭祀的鬼神,却去祭他们,这是谄媚;该为道义挺身而出之时,却袖手旁观,这是怯懦。"

【点评】在古代,鬼神具有氏族性,不同的氏族常会祭祀不同的鬼神,有点儿像是一个国家意识形态的象征。

三、夫子自道

孔子的自我评价。

5.12 达巷党人曰:"大哉孔子!博学而无所成名。"子闻之,谓门弟子曰:"吾何执?执御乎?执射乎?吾执御矣。" (子罕2)

【注释】 达巷党人:达巷之地的人。古代五百家为一党。

【译文】 达巷街区有人说:"孔子真是博大啊!学问如此渊博,根本无法以某一专长而成名。"孔子听说后,对门下弟子说:"我专长什么呢?驾车呢?还是射箭呢?我看还是驾车吧。"

【点评】 孔子颇有自嘲精神。当年在郑国走丢,曾说自己是"丧家狗";此处说自己擅长"执御",又是一例。

5.13 太宰问于子贡曰:"夫子圣者与?何其多能也?"子贡曰:"固天纵之将圣,又多能也。"子闻之,曰:"太宰知我乎?吾少也贱,故多能鄙事。君子多乎哉?不多也!" (子罕6)

【注释】 太宰:官名,负责宫廷事务。纵:让。鄙事:卑贱之事。

【译文】 太宰问子贡:"孔夫子真是一位圣人吧?怎么会这样多才多艺呢?"子贡说:"这是上天让他成为圣人,又使他多才多艺。"孔子听到后,就说:"太宰了解我吗?我少年时地位低贱,所以,学会了许多卑贱的技艺。君子掌握的技艺多了吗?不多啊!"

【点评】 孔子之多才多能,子贡认为是来自天赋,而孔子自己却认为得之于后天的生活磨炼。

5.14 牢曰:"子云:'吾不试,故艺。'"（子罕7）

【注释】 牢:人名。有说是孔子弟子。试:出仕。

【译文】 牢说:"孔子说过:'我没有出仕为官,所以学会了许多技艺。'"

【点评】 是对上一章"多能"的进一步解释。

5.15 子曰:"赐也,女以予为多学而识之者与?"对曰:"然,非与?"曰:"非也。予一以贯之。"（卫灵公3）

【注释】 赐:即子贡。女:同汝。识:记住。

【译文】 孔子说:"赐啊!你以为我是好学多问而知识广博吗?"子贡答道:"是啊,难道不是吗?"孔子说:"不是的。我只是将一个东西坚持始终。"

【点评】 孔子回答曾参时也说过:"吾道一以贯之。"（里仁15）孔子以博学而闻名于世,但他认为自己的思想其实就在于坚持一个"仁"字。

5.16 子曰:"出则事公卿,入则事父兄,丧事不敢不勉,

不为酒困,何有于我哉?" (子罕16)

【译文】 孔子说:"在外面侍奉公卿,在家中孝敬父兄,办理丧事不敢不尽力,不酗酒闹酒,对我来说,还有什么呢?"

【点评】 孔子认为自己只是一个普通人,而做人本来就是如此简单。这段话可能是他年轻时对自己的评价。

5.17 子曰:"苟有用我者,期月而已可也,三年有成。"（子路10）

【注释】 苟:如果。期月:十二个月。

【译文】 孔子说:"如果有人用我来治理国家,一年就会效果显现,三年一定大有成效。"

【点评】 孔子对自己的政治才干充满自信。当然,这种自信很大程度上来自于他对"大道行于天下"的坚信。

5.18 子曰:"二三子以我为隐乎?吾无隐乎尔。吾无行而不与二三子者,是丘也。" (述而24)

【注释】 二三子:这里指孔子的弟子们。

【译文】 孔子说:"弟子们,你们以为我对你们会有所隐瞒吧?我没有什么可隐瞒的。我没有什么事情不能告诉你们几个弟子的。这就是我孔丘啊!"

【点评】 孔子说的是实话。他一生真是襟怀坦荡,行事光明磊落,一生中一些难堪的经历也都记载在了《论语》里。

5.19 子曰:"若圣与仁,则吾岂敢?抑为之不厌,诲人

不倦，则可谓云尔已矣。"公西华曰："正唯弟子不能学也。"（述而34）

【注释】 抑：语气词，"只不过"之意。云尔：如此而已。公西华：姓公西名赤，字子华，鲁国人，孔子前期较年轻的弟子。

【译文】 孔子说："说到圣与仁，那我怎么敢当呢？只不过为之不断努力，并以此不倦教诲他人，这样说倒是可以的。"公西华说："这正是弟子们学不到的。"

【点评】 这段话可以说是孔子对自己一生的总结。如果说"仁"是"克己复礼"，像个人的修行，那么，"圣"是"博施于民而能济众"，更像社会的实践。孔子一生政治上没能有所作为，说自己没有达到"圣"，也是实话。

5.20 子曰："文，莫吾犹人也。躬行君子，则吾未之有得。"（述而33）

【注释】 莫：大概。

【译文】 孔子说："就文化知识而言，我大概和别人差不多。君子的作为，我还尚未达到啊。"

【点评】 孔子认为自己尚未达到"君子"，是自谦了。

5.21 子曰："述而不作，信而好古，窃比于我老彭。"（述而1）

【注释】 述：传述。作：创作。窃：私下。老彭：人名，具体不详，可能殷商之时的贤者。

【译文】 孔子说："传述思想而不留下作品，相信而又喜好古代的一切。私下里，我将自己比作古时老彭那样的人。"

【点评】 孔子"述而不作",应该是真话。当年,如果没有弟子们的记述,就不会有今天的《论语》了。孔子为什么会"述而不作"呢?也许当时风气如此。老子也是不写作的,没有他人的记录,《道德经》也不会流传下来了。

5.22 子曰:"默而识之,学而不厌,诲人不倦,何有于我哉?"（述而2）

【注释】 识（zhì）:记住。

【译文】 孔子说:"默默记住学到的知识,学习不觉厌烦,教人不知疲倦,对我来说,还有别的什么呢?"

【点评】 孔子认为自己并没有什么特别之处,只是一生做到了"学而不厌,诲人不倦"八个字。

5.23 叶公问孔子于子路,子路不对。子曰:"女奚不曰:其为人也,发愤忘食,乐以忘忧,不知老之将至云尔。"（述而19）

【注释】 叶公:叶（shè）,地名,楚国邑城;叶公,姓沈名诸梁,楚国大夫,封地在叶,故称叶公。女:同汝。

【译文】 叶公向子路问孔子是个怎样的人,子路回答不出。孔子说:"你为什么不这么说:他这个人,发愤用功起来会忘掉吃饭,快乐起来会忘掉忧烦,快要老了,自己却一点也没意识到,如此而已。"

【点评】 这是孔子对自己老年形象的自我描述:依旧勤奋,更加快乐,常常忘掉自己的年龄。

四、时光如逝水

感叹时间之永恒,生命之短促。

5.24 子在川上曰:"逝者如斯夫!不舍昼夜。"（子罕17）

【注释】 川:河。

【译文】 孔子站在河边说:"逝去的时光就像这河水一样!日夜不停地流去。"

【点评】 时间的永久,生命的短暂,是人生面临的最大难题。智者如孔子,也深感无奈,只有为之感叹。

5.25 色斯举矣,翔而后集。曰:"山梁雌雉,时哉!时哉!"子路共之,三嗅而作。（乡党27）

【注释】 色斯举矣:鸟飞起来,展开漂亮的羽翅。 山梁雌雉:聚集在山梁上的雌野鸡。 共:同供,投食。

【译文】 一群野鸡飞起,展开了漂亮的羽翅,飞翔了一阵,又都落在树枝上。孔子说:"这些山梁上的雌野鸡啊,得其时呀!得其时呀!"子路向它们投了点儿食,这些野鸡嗅了嗅,便又振翅飞走了。

【点评】 此章历来费解,上面的释读或许尚能贯通。孔子见了山中飞翔的野鸡,到底在感叹什么呢?羡慕其正当其时?自由自在？还是在赞其美丽？或许三者都有，是对大自然中生命的礼赞。

5.26 子曰："甚矣，吾衰也！久矣，吾不复梦见周公！"
（述而5）

【注释】 周公：姓姬名旦，周文王之子，周武王之弟，鲁国开国之君，也是西周礼乐典章制度的创制者。

【译文】孔子说："我衰老得很厉害了。好久了，我都没有再梦见周公了！"

【点评】 孔子一向视周公为"圣人"，并将自己视为周公礼乐文化的传承者。此章不但表达出他对周公的崇敬，也反映出他意识到自己正在走向生命的尽头。

外编 弟子之言

〖评价篇第六〗

一、生前

同代人对孔子的认识和评论。

6.1 仪封人请见,曰:"君子之至于斯也,吾未尝不得见也。"从者见之。出曰:"二三子何患于丧乎?天下之无道也久矣,天将以夫子为木铎。"（八佾 24）

【注释】 仪:地名,卫国小邑。封人:边关守官。木铎（duó）:木舌铜铃。古代君王摇铃召集民众,发布政令。

【译文】 仪地守官求见孔子,说:"君子来此,我从没有见不到的。"孔子随从弟子引他去见了孔子,出来后,他说:"诸位何必如此沮丧、失落呢?天下无道已经很久了,天将以夫子为号召天下的铜铃啊。"

【点评】 这位没有留下姓名的仪地守官,不能不说是一位先知式人物。他对孔子出现的历史意义,给予了深刻而准确的说明。

6.2 子路宿于石门。晨门曰:"奚自?"子路曰:"自孔

氏。"曰:"是知其不可而为之者与?"（宪问38）

【注释】 子路:姓仲名由,字子路,又字季路,鲁国人,孔子前期最重要的弟子之一。石门:地名,鲁国都城的外门。晨门:清晨看守城门的人。

【译文】 子路在城外石门留宿。清晨入城,守城门人问:"从哪里来?"子路回答:"从孔子那里来。"看门人说:"就是那个明知做不到还要去做的人吗?"

【点评】 "知其不可而为之",可以说是对孔子精神的最好描述。他之所以如此执著,不仅仅是因为他具有坚强的意志,更多的是出于一种强烈的使命感。

二、身后

弟子们对孔子崇高形象的捍卫。

6.3 叔孙武叔语大夫于朝曰:"子贡贤于仲尼。"子服景伯以告子贡。子贡曰:"譬之宫墙。赐之墙也及肩,窥见室家之好;夫子之墙数仞,不得其门而入,不见宗庙之美,百官之富。得其门者或寡矣!夫子之云,不亦宜乎?"（子张 23）

【注释】 叔孙武叔:名州仇,鲁国大夫。子贡:姓端木名赐,字子贡,卫国人,孔子前期最重要的弟子之一。子服景伯:鲁国大夫。宫墙:围墙。仞（rèn）:度量单位,古时七尺或八尺为一"仞"。官:房舍。

【译文】 叔孙武叔在朝廷上对大夫们说:"子贡贤于仲尼啊。"子服景伯将这话告诉了子贡。子贡说:"就用围墙做个比喻吧。我家的围墙不过齐肩之高,外面的人一眼就可以看到屋里的华美;夫子家的围墙有几仞之高,找不到门进去的话,根本看不到里面庙堂之辉煌,房舍之富丽。能够找到门而进去的人很少啊!叔孙武叔如此说,不也是自然的吗?"

【点评】 不知叔孙武叔对孔子为什么如此不满,竟不惜吹捧子贡来贬损孔子。子贡的回答,显示出他对孔子感情的深厚和理解的深刻。

6.4　叔孙武叔毁仲尼。子贡曰:"无以为也!仲尼不可毁也。他人之贤者,丘陵也,犹可逾也;仲尼,日月也,无得而逾焉。人虽欲自绝,其何伤于日月乎?多见其不知量也!"（子张24）

【注释】　毁:诋毁。

【译文】　叔孙武叔诋毁仲尼。子贡说:"不可以这样做啊!仲尼是诋毁不了的。别人的贤德,不过是丘陵,还可以翻越;仲尼的贤德,如同日月,无法超越。有人要想不见日月,对日月又有什么损害呢?只是表明他是多么不自量力啊!"

【点评】　还是这位叔孙武叔,仍想继续贬低孔子。这次,子贡的回答变得不那么客气了。

6.5　陈子禽谓子贡曰:"子为恭也,仲尼岂贤于子乎?"子贡曰:"君子一言以为知,一言以为不知,言不可不慎也!夫子之不可及也,犹天之不可阶而升也。夫子之得邦家者,所谓'立之斯立,道之斯行,绥之斯来,动之斯和。其生也荣,其死也哀'。如之何其可及也?"（子张25）

【注释】　子禽:即陈亢,字子禽,陈国人,孔子后期弟子。知:同智。绥:安抚。

【译文】　陈子禽对子贡说:"你为人如此谦恭,仲尼怎么可能比您更贤德呢?"子贡说:"君子一言可以表现出自己的睿智,一言也可以表现出自己的无知。说话不可不谨慎啊!夫子之高不可及,就像上天没有阶梯可登攀。如果夫子得到诸侯或大夫的任用，一定会像人们常说的那样：'有所创立，创立的制度就会成功；有所引导，民众就会沿着指引前行；有所安抚，远方百姓就会前来归顺；有所动员，天下之人就会积极响应。活着十分荣耀，死时深受哀悼。'像这样，我怎么能赶得上呢？"

【点评】 子贡对孔子的敬重，发自内心，自始至终。虽然对夫子一生"未得其时"充满惋惜之情，但他认为这一点毫不影响孔子的伟大和崇高。

三、学说

弟子们对孔子思想的高深,有着各自的理解和领悟。

6.6 颜渊喟然叹曰:"仰之弥高,钻之弥坚。瞻之在前,忽焉在后!夫子循循然善诱人,博我以文,约我以礼,欲罢不能。既竭吾才,如有所立卓尔,虽欲从之,末由也已!"(子罕11)

【注释】 颜渊:姓颜名回,字渊,鲁国人,孔子前期最重要的弟子之一,对孔子思想理解最深,也最得孔子喜爱,不幸早逝。喟(kuì):长叹之状。弥:更加。卓尔:高大,超群。末由:没有途径。

【译文】 颜渊感慨地赞叹说:"越是仰望,就越觉得崇高;越是钻研,就越觉得艰深。看着好像就在眼前,转瞬又忽然出现在背后。夫子循循善诱,以文化扩展我的知识,以礼节约束我的言行,让我想停也停不下来。我已竭尽自己所有的才力,面前好像仍有一座高山耸立,虽然想继续攀登上去,可找不到途径了。"

【点评】 值得注意的,颜渊对孔子思想的理解和感受,与众不同,独有会心。在他看来,夫子之学,不仅高深,而且玄妙。可惜的是,颜渊早亡,没来得及将孔子思想中最为高深的部分传承下来。因此，颜渊之死，让孔子格外悲伤，有"天丧予"之言。

6.7 子贡曰："夫子之文章，可得而闻也；夫子之言性与天道，不可得而闻也。"（公冶长 13）

【注释】 性：人性。

【译文】 子贡说："夫子讲授的典籍文化，听得到，也学得懂；夫子讲授的人性与天道，难得听到，更难学懂。"

【点评】 仁学，亦是天命之学，天者，即天道；命者，即性命。这也就是子贡这里所说的"性与天道"之学。颜渊之后，子弟中恐怕无人能懂"性与天道"，聪明如子贡者，也为此徒生感叹。

6.8 公孙朝问于子贡曰："仲尼焉学？"子贡曰："文武之道，未坠于地，在人。贤者识其大者，不贤者识其小者，莫不有文武之道焉。夫子焉不学？而亦何常师之有？"（子张 22）

【注释】 公孙朝：姓公孙名朝，卫国大夫。

【译文】 卫国的公孙朝问子贡说："仲尼的学问是从哪里学来的？"子贡说："周朝文王武王之道，并未失传，尚存世间。贤能之人能够理解其中主旨，不贤之人能够了解一些末节，到处都有文王武王之道啊。我们老师何处不能学呢？为什么一定要有固定的老师呢？"

【点评】 孔子属于那类自然成长起来的智者。这些智者，不仅有真知灼见，往往还能"集大成"。学无常师，也是必然。

〖 记忆篇第七 〗

一、音容笑貌

弟子们记忆中的孔子形象。

7.1　子温而厉，威而不猛，恭而安。　（述而38）

【译文】　孔子温和而又严厉，威严而不凶猛，恭敬而又安详。

7.2　子所雅言，《诗》《书》、执礼，皆雅言也。　（述而18）

【注释】　雅言：周朝的官方语言。

【译文】　孔子会讲雅言，诵读《诗》《书》或赞礼时，都会使用雅言。

【点评】　孔子是鲁国人，平时说话应该是用鲁国方言，但在正式场合，他一定会用官方语言。

二、行为举止

孔子在不同场合的表现。

（一）朝廷之上

7.3 君召使摈，色勃如也，足躩如也。揖所与立，左右手，衣前后，襜如也。趋进，翼如也。宾退，必复命，曰："宾不顾矣。"（乡党3）

【注释】 摈（bīn）：同傧，接待宾客。色勃如也：脸色庄重起来。足躩（jué）：快走之状。襜（chān）：整齐之貌。翼如也：如同鸟儿展翅一样。

【译文】 国君召孔子去接待宾客，孔子脸色立即庄重起来，脚步也快了起来。向站在一旁的人拱手致意，向左或向右一一作揖，衣服前后摆动，却整齐不乱。快步趋进，像鸟儿展翅一样。宾客走后，必定会向君主回报，说："宾客已不再回望了。"

【点评】 应国君之命，接待来宾、使臣。

7.4 入公门，鞠躬如也，如不容。立不中门，行不履阈。过位，色勃如也，足躩如也，其言似不足者。

摄齐升堂，鞠躬如也，屏气似不息者。 出，降一等，逞颜色，怡怡如也。没阶，趋进，翼如也。复其位，踧踖如也。 (乡党4)

【注释】 公门：官门。履阈（yù）：脚踩门槛。摄齐（zī）：提起衣服的下摆；摄，提起；齐，衣服下摆。逞：舒展。没阶：走完了台阶。踧踖（cù jí）：恭敬而小心。

【译文】 孔子走进宫中大门，会鞠躬而入，好像没有容身之地一样。站时，不立门中；入时，不踩门槛。走向国君之位时，脸色立即庄重起来，步速也会加快，语气变弱，好像中气不足似的。上堂之时，会提起衣服下摆，鞠躬而上，并屏住呼吸。退出时，下一级台阶，脸色舒展开了，神色变得轻松愉快。走完台阶，快步趋前，姿态像鸟儿展翅一样。回到刚才站立的位置，又是一副恭敬而小心的样子。

【点评】 如何上朝和下朝。

7.5 执圭，鞠躬如也，如不胜。上如揖，下如授，勃如战色。足蹜蹜，如有循。享礼，有容色；私觌，愉愉如也。 (乡党5)

【注释】 圭：玉器。典礼盟会之时，不同的官员拿着不同的圭。战色：战战兢兢之状。蹜蹜（sù sù）：小步快走。享礼：接受来宾献礼的仪式。私觌（dí）：非正式会见。

【译文】 执圭立朝之时，鞠躬而立，好像拿不动似的。上举如作揖，放下如授物，神色庄重得有些战战兢兢。小步快走时，像是沿着画好的直线而行。接受来宾赠礼之时，显得和颜悦色。

非正式会见之时,又显得轻松愉快。

【点评】 如何执圭立朝,以及如何接待来宾。

7.6 朝,与下大夫言,侃侃如也;与上大夫言,訚訚如也。君在,踧踖如也,与与如也。 (乡党2)

【注释】 侃侃:温和而又快乐。訚訚(yín):严肃而又直率。与与:谨慎之态。

【译文】 上朝之时,同下大夫说话,温和而又快乐;同上大夫说话,恭敬而又直率。国君到了,恭敬而又小心,紧张而又谨慎。

【点评】 朝廷之上,君臣如何互动。

(二) 乡野之间

7.7 孔子于乡党,恂恂如也,似不能言者。其在宗庙朝廷,便便言,唯谨尔。 (乡党1)

【注释】 恂(xún):温和恭敬之状。便便:善辩之态。

【译文】 孔子在家乡邻里,一派温和恭敬,好像不太会说话的样子。在宗庙、朝廷之上,却能侃侃而谈,只是说话更加慎重而已。

【点评】 在野之日,不同上朝之时,人似乎都变得不一样了。

7.8 乡人傩,朝服而立于阼阶。 (乡党14)

【注释】 傩(nuó):古代民间迎神驱鬼的仪式。阼(zuò)阶:

东面的台阶，主人所立之位。

【译文】 乡里人举办迎神驱鬼的傩戏时，孔子总是穿着朝服站立在东边台阶上。

【点评】 虽是民间仪式，也显郑重之态。

7.9 子与人歌而善，必使反之，而后和之。 （述而32）

【译文】 孔子与别人一起唱歌，如果唱得好，必定要请人再唱一遍，然后跟着一起唱。

7.10 问人于他邦，再拜而送之。 （乡党15）

【注释】 问：问候。

【译文】 托使者向在别国的朋友问候致意，送行时，要向使者拜谢两次。

7.11 朋友之馈，虽车马，非祭肉，不拜。 （乡党23）

【注释】 祭肉：祭祀时供奉的肉食。

【译文】 朋友馈赠的礼品，即使是车马，如不是祭肉，也是不拜谢的。

7.12 子于是日哭，则不歌。 （述而10）

【译文】 孔子这一天要是参加丧礼哭过，就不会唱歌。

7.13 子食于有丧者之侧，未尝饱也。 （述而9）

【译文】 孔子在家有丧事的人旁边吃饭，未曾吃饱过。

7.14 子见齐衰者、冕衣裳者与瞽者，见之，虽少必作，过之必趋。（子罕10）

【注释】 齐衰（zī cuī）：麻布制成的丧服。冕：官帽。瞽（gǔ）：盲。作：起立以示敬意。

【译文】 孔子遇见披麻戴孝之人、高冠官服之人以及目盲之人，即使对方年轻，一定会站起身来，经过他们时，一定会快步走过。

7.15 见齐衰者，虽狎必变。见冕者与瞽者，虽亵必以貌。凶服者式之，式负版者。有盛馔，必变色而作。迅雷风烈必变。（乡党25）

【注释】 狎（xiá）：亲近。亵（xiè）：熟悉。凶服：丧服。式：同轼，古代马车前部的横木。这里指驾车人身子伏在横木上，向前微俯示意。负版者：旧说为背负国家图籍的人，存疑。盛馔（zhuàn）：丰富的饮食。

【译文】 见到披麻戴孝的人，即使亲密，面色一定变得严肃起来。见到高冠官服之人或是盲人，即使熟悉，也一定示以礼貌。乘车时，遇到穿丧服的人，便会伏轼示意。遇到背负重物的人，也会这样做。享用了丰盛的饮食，一定会神色庄重，起身致谢。若有迅雷大风，神态必因敬畏而变。

三、衣食住行

孔子日常生活的记录。

（一）衣

7.16 君子不以绀緅饰，红紫不以为亵服。当暑，袗絺绤，必表而出之。缁衣，羔裘；素衣，麑裘；黄衣，狐裘。亵裘长，短右袂。必有寝衣，长一身有半。狐貉之厚以居。去丧，无所不佩。非帷裳，必杀之。羔裘玄冠，不以吊。吉月，必朝服而朝。

（乡党6）

【注释】 绀緅：绀（gàn），青红之色；緅（zōu），黑红之色；两者都是礼服之色。亵服：居家便服。袗（zhěn）：单衣。絺绤（chī xì）：细和粗的葛布。必表而出之：单衣在外，内有衬衣。缁衣：黑衣。羔裘：羔皮衣。麑（ní）：小鹿。袂（mèi）：袖子。寝衣：睡衣。帷裳：整幅布做的正式礼服。杀：裁。玄冠：黑皮礼帽。吉月：农历每月初一。

【译文】 君子不用深红或黑红色来给衣服镶边，在家不穿红色、紫色的衣服。夏天，无论粗细葛布单衣，要穿在外面，里面要有内衣。黑衣，配羊皮之袍；白衣，配鹿皮之袍；黄衣，配狐皮之袍;平常居家穿的皮袍稍长一些,右边袖子可以短一点。夜寝要有睡衣,一身半长。厚实的狐貉之皮可以制成坐垫。丧服脱下后,可以佩戴各种饰品。如果不是正式的整幅布做的礼服,一定要剪裁。不可穿着羊皮之袍和戴着黑色高冠去吊丧。每月初一,上朝时要穿着正式朝服。

【点评】 穿衣原则是,一不违礼,二要舒适。

7.17 齐,必有明衣,布。齐,必变食,居必迁坐。（乡党7）

【注释】 齐:同斋。祭祀前,沐浴更衣,戒荤戒酒,称为斋戒。

【译文】 斋戒之日,沐浴时要有浴衣,以布制成。斋戒之日,还要改变日常饮食,居所也要变换。

（二）食

7.18 君赐食,必正席先尝之。君赐腥,必熟而荐之。君赐生,必畜之。侍食于君,君祭,先饭。（乡党18）

【注释】 腥:生肉。荐:供奉。

【译文】 国君赐食,一定要在席位上坐正,然后先品尝一下。国君赐了生肉,一定要煮熟了,先供奉祖先。国君赐了活的牲畜,一定要先饲养起来。陪国君一道用餐,在国君餐前祭祷之时,一定要先尝试一下饭食。

7.19 食不厌精,脍不厌细。食饐而餲,鱼馁而肉败,不食。色恶不食,臭恶不食。失饪不食,不时不

食。割不正不食，不得其酱不食。肉虽多，不使胜食气。唯酒无量，不及乱。沽酒，市脯，不食。不撤姜食，不多食。（乡党8）

【注释】 脍（kuài）：剁得很细的鱼、肉。饐（yì）：食物储藏久了。餲（ài）：变味。馁（něi）：腐烂。饪：烹调。不时：时间不对。割：切割。气（xì）：同饩，粮食。不及乱：此处的"乱"，指酒醉。脯（fǔ）：熟肉干。

【译文】 粮食要讲究精细，鱼、肉要切得细薄。粮食储藏久了就会变味，鱼、肉放置时间长了就会腐烂，都不能吃。食物颜色变了，不吃；气味变了，不吃；烹饪不当，不吃；不到用餐之时，不吃；肉切得不方正整齐，不吃；酱料放得不对，不吃。宴席上肉食虽多，所食之量不能超过主食之量。喝酒倒没有什么限制，以不醉为度。从集市上打来的酒和买来的熟肉脯，不吃。餐后总会有姜，但不宜多吃。

【点评】 孔子对"吃"的讲究，主要体现在两个方面，一是食物的品质，二是饮食的规矩。前者是健康知识，后者是礼仪规范。

7.20 祭于公，不宿肉。祭肉，不出三日。出三日，不食之矣。（乡党9）

【注释】 不宿肉：不将肉食放过夜。古时，祭祀大典之后，国君会将祭肉赐予大臣们。

【译文】 参加祭祀大典，国君赏赐的祭肉不留到第二天。祭肉，不能超过三天。超过三天，就不能再吃了。

7.21 食不语，寝不言。 （乡党10）

【译文】 吃饭之时别讲话，睡觉之时不说话。

7.22 虽疏食、菜羹，瓜祭，必齐如也。 （乡党11）

【注释】 瓜祭：饭前分出一点食品，用来祭祖。齐：同斋。

【译文】 即使吃粗粮、喝菜汤，饭前也要分出一些用来祭祖，并且要像斋戒时那样庄重、恭敬。

7.23 乡人饮酒，杖者出，斯出矣。 （乡党13）

【注释】 杖者：拄杖之人，老者。

【译文】 乡里宴聚饮酒，老者走后，自己才离去。

（三）住

7.24 子之燕居，申申如也，夭夭如也。 （述而4）

【注释】 燕居：闲居。申申：整洁。夭夭：愉悦、舒适。

【译文】 孔子闲居在家之时，仪态齐整，神情舒畅。

7.25 席不正，不坐。 （乡党12）

【注释】 席：坐席。古时，没有桌椅，一般席地而坐，有坐垫。

【译文】 席子放得不端正，就不坐。

7.26 寝不尸，居不客。 （乡党24）

【注释】 客：待客。

【译文】 睡觉时，不像死尸那样直挺挺地躺着；家居时，也不像见客时那样正襟危坐。

【点评】 此章中"客"字有另写为"容"字的，似应以"客"字为妥。

7.27 疾，君视之，东首，加朝服，拖绅。（乡党19）

【注释】 东首：头朝东。绅：朝服束腰的缎带。

【译文】 生病时，国君来探视，一定头朝东躺着，身上盖着朝服，还拖着腰间的缎带。

（四）行

7.28 君命召，不俟驾行矣。（乡党20）

【注释】 俟（sì）：等待。

【译文】 国君召见，等不及车马备好，就先步行去了。

7.29 升车，必正立，执绥。车中，不内顾，不疾言，不亲指。（乡党26）

【注释】 绥：上车时手牵的索带。内顾：回头看。疾言：大声说话。不亲指：不用手指指画画。

【译文】 上车时，立直站好，拉着扶手索带而上。在车上，不回头，不大声说话，不用自己的手指指点点。

四、言传身教

言传之外，孔子在平日生活中还时时注意身教。

7.30　子罕言利，与命，与仁。　（子罕1）

【注释】　罕：很少。与：赞许。

【译义】　孔子很少谈到利，却常赞许地谈到命和仁。

【点评】　此章断句，多有争议。一种主张前后连读，一种认为中间应该断句，似以后者更为通顺。

7.31　子之所慎：齐、战、疾。　（述而13）

【注释】　齐：同斋，斋戒。

【译文】　孔子慎重对待之事，是斋戒、战争和疾病。

7.32　子不语怪、力、乱、神。　（述而21）

【译文】　孔子不谈论怪异、暴力、变乱、鬼神。

【点评】　孔子对鬼神的态度是敬而远之，存而不论，对其他各种古怪异变之事，也从不评论。

7.33　子以四教：文、行、忠、信。　（述而25）

【译文】 孔子只教弟子四课：文、行、忠、信。

【点评】 文，是如何讲话；行，是如何做事。忠，是怎样事君；信，是怎样待人。

7.34 子绝四：毋意，毋必，毋固，毋我。 （子罕4）

【注释】 意：同臆，猜。必：武断，不知变通。固：固执。我：自我。

【译文】 孔子根绝了四种毛病：没有乱猜，没有武断，没有固执，没有自以为是。

【点评】 这些都是人们在学习知识和探寻真理时常犯的错误。

7.35 子钓而不纲，弋不射宿。 （述而27）

【注释】 纲：钓鱼用的大绳，上面系着许多鱼钩。弋（yì）：带绳子的箭。宿：归巢之鸟。

【译文】 孔子钓鱼不用系着许多鱼钩的大绳，射鸟不射归巢歇息之鸟。

五、生平际遇

弟子们记录下来的孔子生平遭遇到的一些人和事。

7.36 齐景公待孔子，曰："若季氏，则吾不能，以季、孟之间待之。"曰："吾老矣。不能用也。"孔子行。（微子3）

【注释】 齐景公：名杵臼，齐国国君。孔子在齐时，他曾想用孔子，未果。季、孟之间：在鲁国，季氏为上卿，孟氏为下卿。季、孟之间，就是上、下卿之间。

【译文】 齐景公想留用孔子，说："像鲁国季氏那样，我做不到，但季氏、孟氏之间的待遇，还是可以的。"后来又说："我老了，不能用你了。"孔子就离开了齐国。

【点评】 孔子年轻时，曾在齐国待了很长一段时间，并有机会向齐景公游说自己的"仁政"理念。不过，齐景公不感兴趣。

7.37 齐人归女乐，季桓子受之，三日不朝，孔子行。（微子4）

【注释】 归：同馈，赠送。季桓子：姓季孙名斯，当时鲁国的执政者。

【译文】 齐国向鲁国赠送了一批歌舞女乐，季桓子接受了，连着三天不上朝,孔子因此离开了鲁国。

【点评】 五十多岁时,孔子曾以大司寇之职,代行相事,执掌鲁国朝政,有机会尝试自己的"仁政"。不过,这"仁政"只实行了百日,便难以为继了。最后,孔子不得不离开鲁国,开始"周游列国"。这"女乐"事件,实际上是整个事件的导火索。

7.38 孺悲欲见孔子,孔子辞以疾。将命者出户,取瑟而歌,使之闻之。 (阳货20)

【注释】 孺悲:鲁人,生平不详,据说鲁哀公曾派他向孔子学礼。

【译文】 孺悲想见孔子,孔子以生病为由推辞不见。传话的人刚出门,孔子便取出瑟来,边弹边唱,故意让孺悲听到。

【点评】 孔子不知为什么厌烦这个孺悲,以生病为由,推脱不见,却还故意要让他知道自己不想见他。想来,这中间也许有些政治原因。

〖阐释篇第八〗

一、主要思想

弟子们就孔子的一些主要思想,如孝、悌、礼等,进行了阐述和发挥。

(一) 孝悌

8.1 有子曰:"其为人也孝弟,而好犯上者,鲜矣;不好犯上,而好作乱者,未之有也。君子务本,本立而道生。孝弟也者,其为仁之本与!"(学而2)

【注释】有子:姓有名若,字子有,鲁国人,孔子后期弟子。弟(tì):同悌,即尊从兄长。犯:冒犯。上:在上位的尊者。鲜(xiǎn):少。

【译文】有子说:"孝顺父母,尊从兄长,却又喜欢冒犯上级尊者的人,几乎是没有的;从不冒犯上级尊者,却又喜欢为乱造反的人,也是从来没有的。君子致力于事物之根本,一旦根本确立,正道就会生成。孝和悌,就是仁之根本啊!"

【点评】仁,在一个人身上的体现,必从孝悌开始。不孝不悌之人，必然不忠不信，最后会成为"不仁"之人。

8.2 司马牛忧曰："人皆有兄弟，我独亡！"子夏曰："商闻之矣：'死生有命，富贵在天。'君子敬而无失，与人恭而有礼，四海之内，皆兄弟也。君子何患乎无兄弟也？" （颜渊5）

【注释】 司马牛：姓司马名耕，字子牛，孔子后期弟子。亡：无。商：子夏，姓卜名商，字子夏，晋国人，孔子后期重要弟子之一。

【译文】 司马牛忧愁地说："别人都有兄弟，唯独我没有啊！"子夏说："我听说过这样一句话：'死生有命，富贵在天。'君子为人谨慎而无错，对人恭敬而有礼，那么，四海之内的人就都是兄弟了。君子何愁没有兄弟呢？"

【点评】 仁之有孝，孝而有悌，悌则有信，推而广之，四海之内，自然皆是兄弟了。

8.3 曾子曰："吾闻诸夫子：人未有自致者也，必也亲丧乎！" （子张17）

【注释】 曾子：姓曾名参，字子舆，鲁国人，孔子后期重要弟子之一。自致：自己的感情达到极致。

【译文】 曾子说："我听夫子说过，人很少能尽情宣泄自己的情感，要是有的话，一定是在父母去世之时！"

8.4 曾子曰："吾闻诸夫子：孟庄子之孝也，其他可能

也;其不改父之臣与父之政,是难能也。"（子张 18）

【注释】 孟庄子:姓孟孙名速,鲁国大夫。

【译文】 曾子说:"我听夫子说过:孟庄子之孝,别人可以做到;但他不更换父亲旧臣和为政之道,这是别人难以做到的。"

【点评】 孝,不仅是对父母生前的孝顺,更是去世后"三年无改于父之道"的坚持。

8.5　子游曰:"丧致乎哀而止。"（子张 14）

【注释】 子游:姓言名偃,字子游,吴国人,孔子后期重要弟子之一。致:极致。

【译文】 子游说:"丧事办到尽哀就可以了。"

（二）礼

8.6　有子曰:"礼之用,和为贵。先王之道,斯为美,小大由之。有所不行,知和而和,不以礼节之,亦不可行也。"（学而 12）

【注释】 和:和睦,协调。斯:这、此。

【译文】 有子说:"礼之功用,以和谐为贵。先王的治国之道,最珍贵的正在此处,大事小事皆是如此。有些地方行不通,那是因为只懂得为和谐而和谐,不懂得如何以礼来节制,也就使之不可行了。"

【点评】 "和为贵"是对的,但"知和而和",却是行不通的。

8.7 有子曰:"信近于义,言可复也;恭近于礼,远耻辱也。因不失其亲,亦可宗也。"（学而13）

【注释】 复:践行之意。因:依靠。宗:主。

【译文】 有子说:"行事有信,就接近于义了,说到一定要能做到;为人恭敬,就接近于礼了,这样才能远离羞辱。如果所依靠的有亲近之人,那也就有了支持。"

【点评】 此章最后一句,历代多有不同解读。有将"因"释为"姻"的,这一句可释读为"姻亲之亲,亦可视为同宗之亲",语句虽通顺,但意思有些突兀,不取。另,这些都是有若之言,不可完全等同于孔子之语。

二、学习修身

弟子们就如何学习和修身发表各自的意见。

（一）学习

8.8　子夏曰："博学而笃志，切问而近思，仁在其中矣。"（子张6）

【注释】　笃志：专心。切问：认真地询问。

【译文】　子夏说："广博知识而专心学习，认真请教并深入思考，仁就在其中了。"

【点评】　学习的最终目的是为了达到"仁"的境界。

8.9　子夏曰："百工居肆以成其事，君子学以致其道。"（子张7）

【注释】　百工：指各行各业的工匠。肆：作坊。

【译文】　子夏说："各行各业的工匠都在作坊里学成自己的手艺，君子则是通过学习来领悟'大道'。"

【点评】　君子求学，就像工匠学艺。

8.10　子夏曰："日知其所亡，月无忘其所能，可谓好学

也已矣。"（子张5）

【注释】 亡：无。

【译文】 子夏说："每日学到一些过去不知道的事情，每月不要忘记已经学会的东西，这就可以称为好学了。"

8.11 曾子曰："以能问于不能，以多问于寡，有若无，实若虚，犯而不校：昔者吾友，尝从事于斯矣。"（泰伯5）

【注释】 校（jiào）：计较。

【译文】 曾子说："有才能却愿向没有才能的人请教，知识多却愿向知识少的人请教，虽然有，却像没有，虽然充实，却又似虚怀，被冒犯了也不计较：我以前的朋友，就是这样做的。"

（二）修身

8.12 子贡曰："君子之过也，如日月之食焉。过也，人皆见之；更也，人皆仰之。"（子张21）

【注释】 子贡：姓端木名赐，字子贡，卫国人，孔子前期最重要的弟子之一。食：同蚀。

【译文】 子贡说："君子的过错，如同日月之蚀。有了过错，大家都能看见；一旦改正，人们都会敬仰。"

【点评】 君子之可贵，不在"无过"，而在"改过"。

8.13 曾子曰："吾日三省吾身：为人谋而不忠乎？与朋友

交而不信乎?传不习乎?"（学而4）

【注释】 三省（xǐng）：反省、自察。传：老师传授的知识。习：温习，亦有践行之意。

【译文】 曾子说："我每日三次反省自己：为别人办事是否尽心了？同朋友交往是否诚信了？先生传授的知识是否复习并践行了？"

【点评】 如何"修身"？曾参的办法就是每日"三省"。一个人在家是孝悌，在外是忠信，而对弟子们来说，学习好坏，当然也很重要。

8.14 子夏曰："贤贤易色。事父母，能竭其力；事君，能致其身；与朋友交，言而有信。虽曰未学，吾必谓之学矣。"（学而7）

【注释】 贤贤：敬重贤德。易：改变。

【译文】 子夏说："敬重贤德之人就能改变自己的本色。服侍父母，就能竭尽全力；侍奉君主，就能献出生命；与朋友交往，就能言而有信。这样的人，即使没有学过什么知识，我却可以说他已经是有学之士了。"

【点评】 学习、修身都是求仁之路。仁德之人，自然是有学之士，知识多少倒在其次。

8.15 子夏曰："大德不逾闲，小德出入可也。"（子张11）

【注释】 大德：大节。闲：木栅栏，指界限。

【译文】 子夏说："做人大节上不能越界，小地方倒是可以有些出入的。"

【点评】 子夏为君子们在道德标准上开了一道小口，有了一点儿自由出入的空间，对此，不知孔子会不会同意？

8.16　子夏曰："小人之过也，必文。"（子张 8）

【译文】 子夏说："小人有了过错，一定会掩饰。"

【点评】 君子"改过"，小人"文过"。

8.17　子张曰："执德不弘，信道不笃，焉能为有？焉能为亡？"（子张 2）

【注释】 子张：姓颛孙名师，字子张，孔子后期重要弟子之一。弘：广大。亡：无。

【译文】 子张说："有德而不能发扬，信道而不能坚定，这样的人难道能说有吗？难道能说没有吗？"

8.18　曾子有疾，孟敬子问之。曾子言曰："鸟之将死，其鸣也哀；人之将死，其言也善。君子所贵乎道者三：动容貌，斯远暴慢矣；正颜色，斯近信矣；出辞气，斯远鄙倍矣。笾豆之事，则有司存。"（泰伯 4）

【注释】 孟敬子：姓孟孙名捷，鲁国大夫。笾（biān）豆：祭祀中的器物。有司：主管官吏。

【译文】 曾子生病了，孟敬子前去探望。曾子对他说："鸟儿快死时，所发出的叫声是悲哀的；人快死时，所说的话是善意的。君子有三件事值得重视：修饰容貌，这样就远离粗暴傲慢；端正表情，这样就表现出诚信；谨慎言辞，这样就能避免粗俗和荒唐。至于祭祀仪式，那是有主管的官吏来负责了。"

8.19 曾子有疾，召门弟子曰："启予足！启予手！诗云：'战战兢兢，如临深渊，如履薄冰。'而今而后，吾知免夫！小子！" （泰伯3）

【注释】 启：抬。 诗云：以下三句出自《诗经·小雅·小旻》篇中。 免：免受伤害。 小子：对弟子们的称呼。

【译文】 曾子病了，将弟子们召集到身边，说："抬一抬我的脚！抬一抬我的手！《诗》中有句：'战战兢兢呀，就好像站在深渊之旁，就好像踩在薄冰之上。'自今往后，我知道自己的身体是不会再受到伤害了，弟子们啊！"

【点评】 这大概是曾子临终前说的话，庆幸自己在动乱之世，能平平安安地度过一生，四肢健全，已属幸事，而临终之时，一生品德无缺，难道不是更大的人生幸事吗？因此，君子一生谨小慎微，永远是"如临深渊，如履薄冰"，过得实在不容易。

三、君子和志士

弟子们讨论如何才能成为一个君子和志士。

（一）君子

8.20 曾子曰："可以托六尺之孤，可以寄百里之命，临大节而不可夺也——君子人与？君子人也。"（泰伯6）

【注释】 六尺之孤：未成年的孤儿。六尺，指身高。百里之命：方圆百里之国的命运。

【译文】 曾子说："可以将年幼的孤儿托付给他，可以把国家的命运委托给他。生死存亡关头，更是无法动摇其信念——这是君子吗？是君子啊！"

【点评】 君子就是可托付、能担当、有气节之人。

8.21 曾子曰："君子以文会友，以友辅仁。"（颜渊24）

【译文】 曾子说："君子以文章学问来结交朋友，与朋友共勉来培养自己的仁德。"

【点评】 君子"以文会友"，目的仍然在于"仁"。没有"文"，交往就没有乐趣；没有"仁"，交友也就失去意义。

8.22 棘子成曰:"君子质而已矣,何以文为?"子贡曰:"惜乎,夫子之说君子也,驷不及舌!文犹质也,质犹文也。虎豹之鞟,犹犬羊之鞟。"(颜渊8)

【注释】 棘子成:卫国大夫。驷不及舌:驷,四匹马;此句的意思是,话一说出口,就像跑出去的马一样,追不回来了。鞟(kuò):去毛之皮。

【译文】 棘子成说:"君子只要具有良好的品质就可以了,何必追求什么文采呢?"子贡说:"真遗憾呀,夫子您这样谈论君子。一言既出,驷马难追啊!文采就是本质,本质就是文采啊!失掉花纹毛色的虎豹之皮,与去了毛的犬羊之皮完全一样啊。"

【点评】 在文与质的关系上,子贡的观点颇为深刻,即文与质原本一体,难以分割。

8.23 子夏曰:"君子有三变:望之俨然,即之也温,听其言也厉。"(子张9)

【译文】 子夏说:"君子给人的印象有三变:远观时,觉得他的样子庄重严肃;接近时,感到他变得温和可亲;聆听教诲时,又觉得他言语中透出严厉。"

【点评】 在弟子们的记忆中,孔子就是"温而厉,威而不猛,恭而安"(述而38),可参看。

8.24 子夏曰:"虽小道,必有可观者焉,致远恐泥,是以君子不为也。"(子张4)

【注释】 小道：指各种手艺、技能。泥：阻滞。

【译文】 子夏说："一些技艺虽小，其中也会有可取之处，只是想借此实现远大理想，恐怕行不通。因此，君子不致力于这些小技艺。"

（二）志士

8.25　曾子曰："士不可以不弘毅，任重而道远。仁以为己任，不亦重乎？死而后已，不亦远乎？"（泰伯7）

【注释】 弘毅：弘，广大；毅，强毅。

【译文】 曾子说："作为士，不能不心胸开阔，意志坚强，因为责任重大，路途遥远。以实现仁作为自己的责任，责任能不重大吗？至死才能停止，路程能不遥远吗？"

8.26　子张曰："士见危致命，见得思义，祭思敬，丧思哀，其可已矣。"（子张1）

【译文】 子张说："士遇到危险时，敢于献出生命；见到利益时，能够先想到道义；祭祀时，肃穆恭敬；居丧时，哀伤悲痛——这样就可以了。"

四、治国之策

弟子们讨论为政的诸多问题：求仕、治国、富民，以及做官之难。

8.27 子禽问于子贡曰："夫子至于是邦也，必闻其政，求之与？抑与之与？"子贡曰："夫子温、良、恭、俭、让以得之。夫子之求之也，其诸异乎人之求之与？"（学而10）

【注释】 子禽：即陈亢，字子禽。邦：指诸侯之国。

【译文】 子禽问子贡说："夫子到了一个国家，总是能参与这个国家的政事。是他自己求的呢，还是君主请他的呢？"子贡说："夫子为人温和、善良、恭敬、俭朴、谦让，这样的品德赢得了参政的机会。夫子求仕的方法，或许不同于别人的方法吧？"

【点评】 孔子以德求仕。

8.28 子夏曰："仕而优则学，学而优则仕。"（子张13）

【注释】 优：有余力。

【译文】 子夏说："做官时，若有余力，还是要学习；学习时，若有余力，可以去做官。"

【点评】 这句话点明了这样一个事实：儒者的职业生涯，实际就是在读书和做官之间转换。

8.29 子夏曰:"君子信而后劳其民,未信,则以为厉己也。信而后谏,未信,则以为谤己也。"（子张10）

【译文】 子夏说:"君子要先取得信任,然后才能要求民众去服劳役,不然,民众就会觉得受到了压迫虐待。同样,也要先取得信任,然后才能去讽劝,不然,别人就觉得自己受到了污蔑和诽谤。"

【点评】 以"信"治国。

8.30 哀公问于有若曰:"年饥,用不足,如之何?"有若对曰:"盍彻乎?"曰:"二,吾犹不足,如之何其彻也?"对曰:"百姓足,君孰不足?百姓不足,君孰与足?"（颜渊9）

【注释】 哀公:即鲁哀公。盍彻乎:盍,何不;彻,西周时的田税制度,抽取十分之一的税。

【译文】 鲁哀公问有若说:"今年遇到了饥荒,国家的钱不够用了,怎么办?"有若回答说:"何不实行只抽十分之一田税的'彻'税法呢?"哀公说:"现在抽十分之二,我还不够用呢,怎么能实行'彻'税法呢?"有若说:"百姓富足了,君主您怎么还会不够呢?百姓不富足,君主您又怎么可能够呢?"

【点评】 儒家的经济学思想,强国应以"富民"为先。

8.31 曾子曰:"慎终,追远,民德归厚矣。"（学而9）

【注释】 慎终:谨慎办理丧事。终:人死。追远:追思祖先;远:远祖。

【译文】 曾子说:"谨慎地办理父母的丧事,恭敬地追祭远古的先祖,民众的道德就会日趋淳厚了。"

【点评】 以"孝"引导民众。

8.32 "子曰:'不在其位,不谋其政'。"曾子曰:"君子思不出其位。"（宪问 26）

【译文】 "孔子说:'不在那个职位上,就不要考虑那个职位上的事情。'"曾子评论说:"君子考虑问题,不要超出自己的职位范围。"

【点评】 此章应该是曾参对孔子"不在其位,不谋其政"一语的解释和发挥。孔子之言,另见"泰伯篇"。

8.33 孟氏使阳肤为士师,问于曾子。曾子曰:"上失其道,民散久矣。如得其情,则哀矜而勿喜。"（子张 19）

【注释】 孟氏:孟孙氏,鲁国三大家族之一。阳肤:曾子弟子。士师:狱官。矜:怜悯。

【译文】 孟孙氏任命阳肤为狱官,阳肤向曾子请教。曾子说:"执政者偏离了正道,民心早就离散了。如果能弄清真情实况,应当感到悲哀怜悯,而不会沾沾自喜。"

8.34 柳下惠为士师,三黜。人曰:"子未可以去乎?"曰:"直道而事人,焉往而不三黜?枉道而事人,何必去父母之邦?"（微子 2）

【注释】 柳下惠:姓展名获,字禽,其受封之地为"柳下",

惠是私谥，故人称"柳下惠"，鲁国贤者。黜：罢免。

【译文】 柳下惠当了刑狱之官，三次被罢免。有人说："你不可以离开鲁国吗？"柳下惠说："以正道侍奉君主，到哪里会不被三次罢免呢？不以正道侍奉君主，又何必一定要离开祖国呢？"

【点评】 此章记载的是柳下惠之言，说的是为官之难。

五、交友之道

弟子们就交友之道表达的观点和看法。

8.35 子游曰:"事君数,斯辱矣。朋友数,斯疏矣。"
（里仁 26）

【注释】 数（shuò）：多次，频繁。

【译文】 子游说:"君主侍奉得太勤了,就会自取其辱。朋友交往得太多了,就会渐渐疏远。"

8.36 子夏之门人,问"交"于子张。子张曰:"子夏云何?"对曰:"子夏曰:'可者与之,其不可者拒之。'"子张曰:"异乎吾所闻。君子尊贤而容众,嘉善而矜不能。我之大贤与,于人何所不容?我之不贤与,人将拒我,如之何其拒人也?" （子张 3）

【译文】 子夏的弟子向子张请教与朋友如何交往。子张问:"子夏是怎么说的?"那个弟子回答:"子夏说:'可以相交的人,就和他交朋友;不可以相交的人,就拒绝他。'"子张说:"这和我听到的有些不一样啊。君子既敬重贤人,又能包容众人;既能赞扬善者,又能同情弱者。我若是大贤之人,那对别人有什么不能包容的呢?我若不是贤良之人,人家就会拒绝与我交往，我又怎么能拒绝别人呢？"

【点评】 子张表现出自己对交友之道的理解要比子夏更为深入。子张、子夏，还有子游，是孔子后期弟子中最为出色的三位，此时已显出门户分立的迹象。

六、关于弟子

有关孔门弟子言行的记录,以及弟子间的相互评论。

8.37 德行:颜渊、闵子骞、冉伯牛、仲弓。言语:宰我、子贡。政事:冉有、季路。文学:子游、子夏。 （先进3）

【注释】 德行:品德。言语:善于辞令。政事:从事政务。文学:诗书礼乐。

【译文】 品德卓著的有:颜渊、闵子骞、冉伯牛、仲弓。善于辞令的有:宰我、子贡。擅长政务的有:冉有、子路。精通《诗》《书》、礼、乐的有:子游、子夏。

【点评】 此章对孔门弟子们给与全面评价,看来是出自后世弟子的总结。

8.38 子路有闻,未之能行,唯恐有闻。 （公冶长14）

【译文】 子路听到一些道理,若还没能践行之前,就怕又听到新的道理。

【点评】 子路显然是性急之人,喜欢说了就干,一次学到的理论太多,来不及领会,反而会觉得无所适从。

8.39 季氏使闵子骞为费宰。闵子骞曰:"善为我辞焉!如有复我者,则必在汶上矣。" （雍也9）

【注释】 闵子骞:姓闵名损,字子骞,鲁国人,孔子早期弟子。费(bì):季氏的封邑。复我:再来召我。汶(wèn):水名,即大汶河,流经齐、鲁两国之间。汶上,河的那一边,即离鲁赴齐。

【译文】 季氏派人请闵子骞去做费邑的长官。闵子骞说:"请替我婉言辞谢吧!再来召我的话,我就要跑到汶水那边去了。"

8.40 南容三复白圭。孔子以其兄之子妻之。 （先进6）

【注释】 南容:姓南宫名适(kuò),字子容。孔子早期弟子。白圭:《诗经·大雅·抑》里的诗句:"白圭之玷,尚可磨也;斯言之玷,不可为也。"意思是白玉上的污点,还可以磨掉;言语中的错误,就难以挽回了。有告诫人们言语谨慎之意。

【译文】 南容反复诵读"白圭"之诗。后来孔子就把自己哥哥的女儿嫁给了他。

【点评】 弟子南宫适看来是一个处世十分谨慎的人。

8.41 柴也愚,参也鲁,师也辟,由也喭。 （先进18）

【注释】 柴:高柴,字子羔,卫国人,孔子前期较年轻的弟子。参:即曾参。颛孙师:即子张。辟:偏激。由:即子路。喭(yàn):鲁莽。

【译文】 高柴呢,有点儿愚直;曾参呢,有点儿迟钝;颛孙师呢,有点儿偏激;仲由呢,有点儿鲁莽。

【点评】 这些评价像是出自孔子之口,犀利之中,不乏爱惜之意。

8.42 曾子曰:"堂堂乎张也,难与并为仁矣。"(子张 16)

【译文】 曾子说:"子张真是仪表堂堂,只是很难和他一起追求仁啊。"

【点评】 曾参对子张有些看法,但话说得还算客气。这些对子张的评价,可能来自曾参弟子的记录。

8.43 子游曰:"吾友张也,为难能也,然而未仁。"(子张 15)

【译文】 子游说:"我的朋友子张,可以说是难得的能干,只是还没有达到仁。"

【点评】 子游对子张也有微词。像曾参一样,他对子张的才干表示钦佩,但认为其与"仁"还有很大距离。

8.44 子游曰:"子夏之门人小子,当洒扫、应对、进退,则可矣,抑末也。本之则无,如之何?"子夏闻之曰:"噫!言游过矣!君子之道,孰先传焉?孰后倦焉?譬诸草木,区以别矣。君子之道,焉可诬也?有始有卒者,其惟圣人乎!"(子张 12)

【注释】 倦:竭尽全力。诬:歪曲。

【译文】 子游说:"子夏的弟子,做些打扫、应答和迎送的事情还可以,都是细枝末节之事。根本的东西却没有学到,这怎么行呢?"子夏听了,说:"唉,子游说得不对啊!君子之道,什么先传授,什么后来尽力补上,就像草木一样,是有区别的。君子之道,怎么可以随意曲解呢?能自始至终地教授弟子们,恐怕只有圣人吧!"

【点评】 子游对子夏也有批评。孔子之后,儒学分为八派,由此可见端倪。

七、历史之鉴

学习和探讨一些先王事迹和言论,并记录下一些史实、人物和文献知识。

8.45 尧曰:"咨!尔舜!天之历数在尔躬,允执其中!四海困穷,天禄永终。"舜亦以命禹。曰:"予小子履,敢用玄牡,敢昭告于皇皇后帝:有罪不敢赦。帝臣不蔽,简在帝心。朕躬有罪,无以万方;万方有罪,罪在朕躬。""周有大赉,善人是富。虽有周亲,不如仁人。百姓有过,在予一人。"谨权量,审法度,修废官,四方之政行焉。兴灭国,继绝世,举逸民,天下之民归心焉。所重:民、食、丧、祭。宽则得众,信则民任焉。敏则有功,公则说。 (尧曰1)

【注释】 尧曰:是尧在禅让帝位时说给舜的话。咨:感叹词。允:真诚。履:商汤的名字。玄牡:玄,黑色谓玄;牡,公牛。简:阅。朕:我。从秦始皇起,成为帝王专用的自称。赉(lài):赏赐。此处以下六句,应是周武王之语。说:同悦。

【译文】 尧说:"啊!你啊,舜!天命已落在你的身上了。真诚地恪守中道吧!假如天下百姓困苦和贫穷,上天赐给你的禄位也就永远终止。"舜在让位给禹时,也这样告诫过他。(商汤)说:"我,商王履,谨用黑色的公牛来祭祀,并向天帝祷告:有罪之人,我绝不敢擅自赦免;臣属有错,我也不敢私下掩盖。一切都由天帝之心明鉴。若我本人有罪,不要牵连天下四方;若天下四方有罪,则都由我一人承担。"(周武王)说:"周朝广有封赏,善人全得富贵。虽有王族至亲,不如任用仁人。百姓如有过错,责任都在我一人身上。"仔细确立度量标准,周密制定律令法规,认真改革官职,这样政令就能天下通行了。存留灭亡了的国家,延续灭绝的家族,选用散落民间的人才,这样四方的百姓就归心顺服了。应当重视的事情是:民众、粮食、丧礼、祭祀。宽厚能得众人拥护,诚信能得到民众支持。勤勉就会有业绩,公平就能让人心欢悦。

【点评】此章前面的部分,像是弟子课堂上抄录的先王语录,有尧、舜,有汤、武,都是在禅让或即位之时发表的执政宣言。最后一段,像是孔子在课堂上的教学总结,指出执政的基本原则,其中,"兴灭国,继绝世,举逸民",可以视为其政治上的诉求——倒不一定是什么"复古"纲领,而更像是殷商旧族要求恢复权力的呼声。作为殷商后裔,孔子心中一直保持着强烈的"殷人意识"。

8.46 子贡曰:"纣之不善,不如是之甚也。是以君子恶居下流,天下之恶皆归焉。"(子张20)

【注释】纣:商代末代君王,名辛,"纣"是其谥号,以残暴著称。下流:低洼之地,水流汇集,比喻恶劣的处境。

【译文】子贡说:"纣王的不善,其实不像传说得那么厉害。

因此，君子不愿身处下流之地，让天下恶名之污水，都流到自己那里。"

【点评】 此章中，子贡为暴君商纣王做了不寻常的辩护。这里没有记载孔子的态度，估计有些赞同，至少没有异议。要知道，孔子是殷人之后，并是商王后裔的一支。纣王与孔子之间，还有一点儿亲戚关系。纣王的庶兄微子，即第一代宋王，其弟微仲衍，相传就是孔子的远祖。商王一系，皆为"子"姓。孔子的祖先，也是以"子"为姓，直到孔子之上的第六代，因五世亲尽，才不得不改姓为"孔"。

8.47 周公谓鲁公曰："君子不施其亲，不使大臣怨乎不以。故旧无大故，则不弃也。无求备于一人。"
（微子10）

【注释】 周公：姓姬名旦，周文王之子，武王之弟，也是鲁国的始封之君。鲁公：指周公之子伯禽，继周公之后即位鲁君。施：同弛，意疏远。不以：不用。

【译文】 周公对鲁公说："君子不疏远自己的亲人，也不能让大臣们抱怨不被任用。故人旧友没有大的过失的话，就不要不理睬他们。对人不可求全责备。"

8.48 齐景公有马千驷，死之日，民无德而称焉；伯夷、叔齐饿于首阳之下，民到于今称之。其斯之谓与？
（季氏12）

【注释】 齐景公：姓姜名杵臼，齐国国君。伯夷、叔齐：古代贤人。兄弟二人因反对周武王起兵伐纣，最后"不食周粟"而饿死在首阳山中。

【译文】齐景公有马匹四千，死的时候，没有百姓因为他的德行而称赞他；伯夷、叔齐饿死在首阳山下，民众至今还在颂扬他们。说的就是这个意思吧？

8.49 周有八士：伯达、伯适、仲突、仲忽、叔夜、叔夏、季随、季骊。 (微子11)

【译文】周代有八个可以称为"士"的人：伯达、伯适、伯突、仲忽、叔夜、叔夏、季随、季骊。

8.50 邦君之妻，君称之曰"夫人"，夫人自称"小童"，邦人称之曰"君夫人"，称诸异邦曰"寡小君"，异邦人称之，亦曰"君夫人"。 (季氏14)

【译文】国君之妻，国君称她为"夫人"，夫人自称为"小童"，国人称她为"君夫人"，对他国之人则称她为"寡小君"，他国之人称她，也为"君夫人"。

【点评】此章是关于国君夫人不同称谓的知识。如此详尽，或许与卫国卫灵公夫人南子有关。

8.51 大师挚适齐，亚饭干适楚，三饭缭适蔡，四饭缺适秦，鼓方叔入于河，播鼗武入于汉，少师阳、击磬襄入于海。 (微子9)

【注释】大师挚：大师，乐师之长。挚：人名。亚饭、三饭、四饭：宴席奏乐的不同乐官。干、缭、缺，都是人名。鼓方叔：击鼓乐师，方叔，人名。鼗（táo）：小鼓。武，人名。少师：副乐师。阳，人名。击磬：击磬的乐师。襄，人名。

【译文】 首席乐师挚去了齐国，负责宴会二巡演奏的乐师干去了楚国，三巡演奏的乐师缭去了蔡国，四巡演奏的乐师缺去了秦国，鼓师方叔到了黄河边，小鼓鼓手武到了汉水边，副乐师阳和击磬的乐师襄到了大海边。

【点评】 此章记录了一支宫廷乐队的离散情况，令人不由想到"礼崩乐坏"这个词。

编后说明

字句注释：

主要参考杨伯峻《论语译注》(北京：中华书局，1980年12月第2版)。

史实人名：

基本依据张岱年主编《孔子大辞典》(上海：上海辞书出版社，1993年12月第1版)。

译文点评：

基于作者个人对《论语》的研究和领悟，原文章句的解读和阐释，以全书整体结构为参照。

附录

〖附录1〗

《论语》原文*

學而第一

1. 子曰:"學而時習之,不亦說乎?有朋自遠方來,不亦樂乎?人不知而不愠,不亦君子乎?"
2. 有子曰:"其爲人也孝弟,而好犯上者,鮮矣;不好犯上,而好作亂者,未之有也。君子務本,本立而道生。孝弟也者,其爲仁之本與!"
3. 子曰:"巧言令色,鮮矣仁!"
4. 曾子曰:"吾日三省吾身:爲人謀而不忠乎?與朋友交而不信乎?傳不習乎?"
5. 子曰:"道千乘之國,敬事而信,節用而愛人,使民以時。"
6. 子曰:"弟子,入則孝,出則弟,謹而信,汎愛衆,而親仁。行有餘力,則以學文。"
7. 子夏曰:"賢賢易色;事父母,能竭其力;事君,能致其身;與朋友交,言而有信。雖曰未學,吾必謂之學矣。"

---

* 此文本以杨伯峻《论语译注》(北京:中华书局,1980年12月第2版)为基础,一些异文、句读、标点,根据〔清〕刘宝楠《论语正义》(北京:中华书局,1990年3月第1版)而有所校正。——编注

8. 子曰："君子不重，則不威；學則不固。主忠信。無友不如己者。過，則勿憚改。"

9. 曾子曰："慎終，追遠，民德歸厚矣。"

10. 子禽問於子貢曰："夫子至於是邦也，必聞其政，求之與？抑與之與？"子貢曰："夫子溫、良、恭、儉、讓以得之。夫子之求之也，其諸異乎人之求之與？"

11. 子曰："父在，觀其志；父沒，觀其行；三年無改於父之道，可謂孝矣。"

12. 有子曰："禮之用，和爲貴。先王之道，斯爲美；小大由之。有所不行，知和而和，不以禮節之，亦不可行也。"

13. 有子曰："信近於義，言可復也。恭近於禮，遠恥辱也。因不失其親，亦可宗也。"

14. 子曰："君子食無求飽，居無求安，敏於事而慎於言，就有道而正焉，可謂好學也已。"

15. 子貢曰："貧而無諂，富而無驕，何如？"子曰："可也；未若貧而樂，富而好禮者也。"子貢曰："《詩》云：'如切如磋，如琢如磨。'其斯之謂與？"子曰："賜也，始可與言《詩》已矣，告諸往而知來者。"

16. 子曰："不患人之不己知，患不知人也。"

爲政第二

1. 子曰："爲政以德，譬如北辰，居其所而衆星共之。"

2. 子曰："《詩》三百，一言以蔽之，曰：'思無邪。'"

3. 子曰："道之以政，齊之以刑，民免而無恥；道之以德，齊之以禮，有恥且格。"

4. 子曰："吾十有五而志於學，三十而立，四十而不惑，五十而知天命，六十而耳順，七十而從心所欲，不踰矩。"

5. 孟懿子問孝。子曰："無違。"樊遲御，子告之曰："孟孫問孝於我，我對曰：'無違。'"樊遲曰："何謂也？"子曰："生，事之以禮；死，葬之以禮，祭之以禮。"

6. 孟武伯問孝。子曰："父母唯其疾之憂。"

7. 子游問孝。子曰："今之孝者，是謂能養。至於犬馬，皆能有養。不敬，何以別乎？"

8. 子夏問孝。子曰："色難。有事，弟子服其勞；有酒食，先生饌，曾是以爲孝乎？"

9. 子曰："吾與回言終日，不違，如愚。退而省其私，亦足以發，回也不愚。"

10. 子曰："視其所以，觀其所由，察其所安。人焉廋哉？人焉廋哉？"

11. 子曰："溫故而知新，可以爲師矣。"

12. 子曰："君子不器。"

13. 子貢問君子。子曰："先行其言而後從之。"

14. 子曰："君子周而不比，小人比而不周。"

15. 子曰："學而不思則罔，思而不學則殆。"

16. 子曰："攻乎異端，斯害也已。"

17. 子曰："由！誨女知之乎！知之爲知之，不知爲不知，是知也。"

18. 子張學干祿。子曰："多聞闕疑，慎言其餘，則寡尤；多見闕殆，慎行其餘，則寡悔。言寡尤，行寡悔，祿在其中矣。"

19. 哀公問曰："何爲則民服？"孔子對曰："舉直錯諸枉，則民服；舉枉錯諸直，則民不服。"

20. 季康子問："使民敬、忠以勸，如之何？"子曰："臨之以莊，則敬；孝慈，則忠；舉善而教不能，則勸。"

21. 或謂孔子曰："子奚不爲政？"子曰："《書》云：'孝乎惟孝，友于兄弟，施於有政。'是亦爲政，奚其爲爲政？"

22. 子曰："人而無信，不知其可也。大車無輗，小車無軏，其何以行之哉？"

23. 子張問："十世可知也？"子曰："殷因於夏禮，所損益，可知也；周因於殷禮，所損益，可知也。其或繼周者，雖百世，可知也。"

24. 子曰："非其鬼而祭之，諂也。見義不爲，無勇也。"

八佾第三

1. 孔子謂季氏："八佾舞於庭，是可忍也，孰不可忍也？"
2. 三家者以雍徹。子曰："'相維辟公，天子穆穆'，奚取於三家之堂？"
3. 子曰："人而不仁，如禮何？人而不仁，如樂何？"
4. 林放問禮之本。子曰："大哉問！禮，與其奢也，寧儉；喪，與其易也，寧戚。"
5. 子曰："夷狄之有君，不如諸夏之亡也。"
6. 季氏旅於泰山。子謂冉有曰："女弗能救與？"對曰："不能。"子曰："嗚呼！曾謂泰山不如林放乎？"
7. 子曰："君子無所爭。必也射乎！揖讓而升，下而飲。其爭也君子。"
8. 子夏問曰："'巧笑倩兮，美目盼兮，素以爲絢兮。'何謂也？"子曰："繪事後素。"曰："禮後乎？"子曰："起予者商也！始可與言《詩》已矣。"
9. 子曰："夏禮，吾能言之，杞不足徵也；殷禮，吾能言之，宋不足徵也。文獻不足故也。足，則吾能徵之矣。"
10. 子曰："禘自既灌而往者，吾不欲觀之矣。"
11. 或問禘之說。子曰："不知也。知其說者之於天下也，其如示諸斯乎！"指其掌。
12. 祭如在，祭神如神在。子曰："吾不與祭，如不祭。"
13. 王孫賈問曰："與其媚於奧，寧媚於竈，何謂也？"子曰："不然。獲罪於天，無所禱也。"
14. 子曰："周監於二代，郁郁乎文哉！吾從周。"
15. 子入太廟，每事問。或曰："孰謂鄹人之子知禮乎？入太廟，每事問。"子聞之，曰："是禮也。"
16. 子曰："射不主皮，爲力不同科，古之道也。"
17. 子貢欲去告朔之餼羊。子曰："賜也！爾愛其羊，我愛其禮。"
18. 子曰："事君盡禮，人以爲諂也。"
19. 定公問："君使臣，臣事君，如之何？"孔子對曰："君使臣以禮，臣事君以忠。"

20. 子曰："關雎，樂而不淫，哀而不傷。"
21. 哀公問社於宰我。宰我對曰："夏后氏以松，殷人以柏，周人以栗，曰，使民戰栗。"子聞之，曰："成事不說，遂事不諫，既往不咎。"
22. 子曰："管仲之器小哉！"或曰："管仲儉乎？"曰："管氏有三歸，官事不攝，焉得儉？""然則管仲知禮乎？"曰："邦君樹塞門，管氏亦樹塞門。邦君爲兩君之好，有反坫，管氏亦有反坫。管氏而知禮，孰不知禮？"
23. 子語魯大師樂，曰："樂其可知也：始作，翕如也；從之，純如也，皦如也，繹如也，以成。"
24. 儀封人請見，曰："君子之至於斯也，吾未嘗不得見也。"從者見之。出曰："二三子何患於喪乎？天下之無道也久矣，天將以夫子爲木鐸。"
25. 子謂《韶》，"盡美矣，又盡善也"。謂《武》，"盡美矣，未盡善也"。
26. 子曰："居上不寬，爲禮不敬，臨喪不哀，吾何以觀之哉？"

里仁第四

1. 子曰："里仁爲美。擇不處仁，焉得知？"
2. 子曰："不仁者不可以久處約，不可以長處樂。仁者安仁，知者利仁。"
3. 子曰："唯仁者能好人，能惡人。"
4. 子曰："苟志於仁矣，無惡也。"
5. 子曰："富與貴，是人之所欲也；不以其道得之，不處也。貧與賤，是人之所惡也；不以其道得之，不去也。君子去仁，惡乎成名？君子無終食之間違仁，造次必於是，顛沛必於是。"
6. 子曰："我未見好仁者，惡不仁者。好仁者，無以尚之；惡不仁者，其爲仁矣，不使不仁者加乎其身。有能一日用其力於仁矣乎？我未見力不足者。蓋有之矣，我未之見也。"
7. 子曰："人之過也，各於其黨。觀過，斯知仁矣。"

8. 子曰："朝聞道，夕死可矣。"
9. 子曰："士志於道，而恥惡衣惡食者，未足與議也。"
10. 子曰："君子之於天下也，無適也，無莫也，義之與比。"
11. 子曰："君子懷德，小人懷土；君子懷刑，小人懷惠。"
12. 子曰："放於利而行，多怨。"
13. 子曰："能以禮讓爲國乎？何有？不能以禮讓爲國，如禮何？"
14. 子曰："不患無位，患所以立。不患莫己知，求爲可知也。"
15. 子曰："參乎！吾道一以貫之。"曾子曰："唯。"子出，門人問曰："何謂也？"曾子曰："夫子之道，忠恕而已矣。"
16. 子曰："君子喻於義，小人喻於利。"
17. 子曰："見賢思齊焉，見不賢而内自省也。"
18. 子曰："事父母幾諫，見志不從，又敬不違，勞而不怨。"
19. 子曰："父母在，不遠遊，遊必有方。"
20. 子曰："三年無改於父之道，可謂孝矣。"
21. 子曰："父母之年，不可不知也。一則以喜，一則以懼。"
22. 子曰："古者言之不出，恥躬之不逮也。"
23. 子曰："以約失之者鮮矣！"
24. 子曰："君子欲訥於言而敏於行。"
25. 子曰："德不孤，必有鄰。"
26. 子游曰："事君數，斯辱矣。朋友數，斯疏矣。"

公冶長第五

1. 子謂公冶長，"可妻也。雖在縲絏之中，非其罪也"。以其子妻之。
2. 子謂南容，"邦有道，不廢；邦無道，免於刑戮"。以其兄之子妻之。
3. 子謂子賤，"君子哉若人！魯無君子者，斯焉取斯？"
4. 子貢問曰："賜也何如？"子曰："女，器也。"曰："何器也？"曰："瑚璉也。"
5. 或曰："雍也仁而不佞。"子曰："焉用佞？禦人以口給，屢憎於人。

不知其仁，焉用佞？"

6. 子使漆雕開仕。對曰："吾斯之未能信。"子說。

7. 子曰："道不行，乘桴浮于海。從我者，其由與？"子路聞之喜。子曰："由也好勇過我，無所取材。"

8. 孟武伯問："子路仁乎？"子曰："不知也。"又問。子曰："由也，千乘之國，可使治其賦也，不知其仁也。""求也何如？"子曰："求也，千室之邑，百乘之家，可使爲之宰也，不知其仁也。""赤也何如？"子曰："赤也，束帶立於朝，可使與賓客言也，不知其仁也。"

9. 子謂子貢曰："女與回也孰愈？"對曰："賜也何敢望回？回也聞一以知十，賜也聞一以知二。"子曰："弗如也；吾與女弗如也。"

10. 宰予晝寢。子曰："朽木不可雕也，糞土之牆不可杇也；於予與何誅？"子曰："始吾於人也，聽其言而信其行；今吾於人也，聽其言而觀其行。於予與改是。"

11. 子曰："吾未見剛者。"或對曰："申棖。"子曰："棖也慾，焉得剛？"

12. 子貢曰："我不欲人之加諸我也，吾亦欲無加諸人。"子曰："賜也，非爾所及也。"

13. 子貢曰："夫子之文章，可得而聞也；夫子之言性與天道，不可得而聞也。"

14. 子路有聞，未之能行，唯恐有聞。

15. 子貢問曰："孔文子何以謂之'文'也？"子曰："敏而好學，不恥下問，是以謂之'文'也。"

16. 子謂子產，"有君子之道四焉：其行己也恭，其事上也敬，其養民也惠，其使民也義"。

17. 子曰："晏平仲善與人交，久而敬之。"

18. 子曰："臧文仲居蔡，山節藻梲，何如其知也？"

19. 子張問曰："令尹子文三仕爲令尹，無喜色；三已之，無慍色。舊令尹之政，必以告新令尹。何如？"子曰："忠矣。"曰："仁矣乎？"曰："未知。焉得仁？""崔子弒齊君，陳文子有馬十乘，棄而違之。至於他邦，則曰：'猶吾大夫崔子也。'違之。之一邦，則又曰：'猶吾大夫崔子也。'違之。何如？"子曰："清矣。"曰："仁矣乎？"曰："未知。焉得仁？"

20. 季文子三思而後行。子聞之，曰："再，斯可矣。"
21. 子曰："寧武子，邦有道，則知；邦無道，則愚。其知可及也，其愚不可及也。"
22. 子在陳，曰："歸與！歸與！吾黨之小子狂簡，斐然成章，不知所以裁之。"
23. 子曰："伯夷、叔齊不念舊惡，怨是用希。"
24. 子曰："孰謂微生高直？或乞醯焉，乞諸其鄰而與之。"
25. 子曰："巧言、令色、足恭，左丘明恥之，丘亦恥之。匿怨而友其人，左丘明恥之，丘亦恥之。"
26. 顏淵季路侍。子曰："盍各言爾志？"子路曰："願車馬衣輕裘，與朋友共，敝之而無憾。"顏淵曰："願無伐善，無施勞。"子路曰："願聞子之志。"子曰："老者安之，朋友信之，少者懷之。"
27. 子曰："已矣乎！吾未見能見其過而內自訟者也。"
28. 子曰："十室之邑，必有忠信如丘者焉，不如丘之好學也。"

雍也第六

1. 子曰："雍也可使南面。"
2. 仲弓問子桑伯子。子曰："可也簡。"仲弓曰："居敬而行簡，以臨其民，不亦可乎？居簡而行簡，無乃大簡乎？"子曰："雍之言然。"
3. 哀公問："弟子孰爲好學？"孔子對曰："有顏回者好學，不遷怒，不貳過。不幸短命死矣，今也則亡，未聞好學者也。"
4. 子華使於齊，冉子爲其母請粟。子曰："與之釜。"請益。曰："與之庾。"冉子與之粟五秉。子曰："赤之適齊也，乘肥馬，衣輕裘。吾聞之也：君子周急不繼富。"
5. 原思爲之宰，與之粟九百，辭。子曰："毋！以與爾鄰里鄉黨乎！"

6. 子謂仲弓，曰："犁牛之子騂且角，雖欲勿用，山川其舍諸？"

7. 子曰："回也，其心三月不違仁，其餘則日月至焉而已矣。"

8. 季康子問："仲由可使從政也與？"子曰："由也果，於從政乎何有？"曰："賜也可使從政也與？"曰："賜也達，於從政乎何有？"曰："求也可使從政也與？"曰："求也藝，於從政乎何有？"

9. 季氏使閔子騫爲費宰。閔子騫曰："善爲我辭焉！如有復我者，則吾必在汶上矣。"

10. 伯牛有疾，子問之，自牖執其手，曰："亡之，命矣夫！斯人也而有斯疾也！斯人也而有斯疾也！"

11. 子曰："賢哉，回也！一簞食，一瓢飲，在陋巷，人不堪其憂，回也不改其樂。賢哉，回也！"

12. 冉求曰："非不說子之道，力不足也。"子曰："力不足者，中道而廢。今女畫。"

13. 子謂子夏曰："女爲君子儒！無爲小人儒！"

14. 子游爲武城宰。子曰："女得人焉耳乎？"曰："有澹臺滅明者，行不由徑，非公事，未嘗至於偃之室也。"

15. 子曰："孟之反不伐，奔而殿，將入門，策其馬，曰：'非敢後也，馬不進也。'"

16. 子曰："不有祝鮀之佞，而有宋朝之美，難乎免於今之世矣。"

17. 子曰："誰能出不由戶？何莫由斯道也？"

18. 子曰："質勝文則野，文勝質則史。文質彬彬，然後君子。"

19. 子曰："人之生也直，罔之生也幸而免。"

20. 子曰："知之者，不如好之者；好之者，不如樂之者。"

21. 子曰："中人以上，可以語上也；中人以下，不可以語上也。"

22. 樊遲問知。子曰："務民之義，敬鬼神而遠之，可謂知矣。"問仁。曰："仁者先難而後獲，可謂仁矣。"

23. 子曰："知者樂水，仁者樂山。知者動，仁者靜。知者樂，仁者壽。"

24. 子曰："齊一變，至於魯；魯一變，至於道。"

25. 子曰："觚不觚，觚哉！觚哉！"

26. 宰我問曰："仁者，雖告之曰，'井有仁焉'。其從之也？"子曰："何爲其然也？君子可逝也，不可陷也；可欺也，不可罔也。"
27. 子曰："君子博學於文，約之以禮，亦可以弗畔矣夫！"
28. 子見南子，子路不說。夫子矢之曰："予所否者，天厭之！天厭之！"
29. 子曰："中庸之爲德也，其至矣乎！民鮮久矣。"
30. 子貢曰："如有博施於民而能濟衆，何如？可謂仁乎？"子曰："何事於仁，必也聖乎！堯、舜其猶病諸。夫仁者，己欲立而立人，己欲達而達人。能近取譬，可謂仁之方也已。"

述而第七

1. 子曰："述而不作，信而好古，竊比於我老彭。"
2. 子曰："默而識之，學而不厭，誨人不倦，何有於我哉？"
3. 子曰："德之不修，學之不講，聞義不能徙，不善不能改，是吾憂也。"
4. 子之燕居，申申如也，夭夭如也。
5. 子曰："甚矣吾衰也！久矣吾不復夢見周公！"
6. 子曰："志於道，據於德，依於仁，遊於藝。"
7. 子曰："自行束脩*以上，吾未嘗無誨焉。"
8. 子曰："不憤不啓，不悱不發。舉一隅不以三隅反，則不復也。"
9. 子食於有喪者之側，未嘗飽也。
10. 子於是日哭，則不歌。
11. 子謂顏淵曰："用之則行，舍之則藏，唯我與爾有是夫。"子路曰："子行三軍，則誰與？"子曰："暴虎馮河，死而無悔者，吾不與也。必也臨事而懼，好謀而成者也。"
12. 子曰："富而可求也，雖執鞭之士，吾亦爲之。如不可求，從吾所好。"
13. 子之所慎：齊、戰、疾。

---

* "束脩"，劉寶楠《論語正義》作"束修"。——編注

14. 子在齊聞《韶》，三月不知肉味，曰："不圖爲樂之至於斯也。"

15. 冉有曰："夫子爲衛君乎？"子貢曰："諾，吾將問之。"入，曰："伯夷、叔齊何人也？"曰："古之賢人也。"曰："怨乎？"曰："求仁而得仁，又何怨？"出，曰："夫子不爲也。"

16. 子曰："飯疏食飲水，曲肱而枕之，樂亦在其中矣。不義而富且貴，於我如浮雲。"

17. 子曰："加我數年，五十以學《易》，可以無大過矣。"

18. 子所雅言，《詩》《書》、執禮，皆雅言也。

19. 葉公問孔子於子路，子路不對。子曰："女奚不曰，其爲人也，發憤忘食，樂以忘憂，不知老之將至云爾。"

20. 子曰："我非生而知之者，好古，敏以求之者也。"

21. 子不語怪，力，亂，神。

22. 子曰："三人行，必有我師焉，擇其善者而從之，其不善者而改之。"

23. 子曰："天生德於予，桓魋其如予何？"

24. 子曰："二三子以我爲隱乎？吾無隱乎爾。吾無行而不與二三子者，是丘也。"

25. 子以四教：文，行，忠，信。

26. 子曰："聖人，吾不得而見之矣；得見君子者，斯可矣。"子曰："善人，吾不得而見之矣；得見有恒者，斯可矣。亡而爲有，虛而爲盈，約而爲泰，難乎有恒矣。"

27. 子釣而不綱，弋不射宿。

28. 子曰："蓋有不知而作之者，我無是也。多聞，擇其善者而從之；多見而識之；知之次也。"

29. 互鄉難與言，童子見，門人惑。子曰："與其進也，不與其退也，唯何甚？人潔己以進，與其潔也，不保其往也。"

30. 子曰："仁遠乎哉？我欲仁，斯仁至矣。"

31. 陳司敗問昭公知禮乎，孔子曰："知禮。"孔子退，揖巫馬期而進之，曰："吾聞君子不黨，君子亦黨乎？君取於吳，爲同姓，謂之吳孟子。君而知禮，孰不知禮？"巫馬期以告。子曰："丘也幸，苟有過，人必知之。"

32. 子與人歌而善，必使反之，而後和之。

33. 子曰："文，莫吾猶人也。躬行君子，則吾未之有得。"

34. 子曰："若聖與仁，則吾豈敢？抑爲之不厭，誨人不倦，則可謂云爾已矣。"公西華曰："正唯弟子不能學也。"

35. 子疾病，子路請禱。子曰："有諸？"子路對曰："有之。《誄》曰：'禱爾于上下神祇。'"子曰："丘之禱久矣。"

36. 子曰："奢則不孫，儉則固。與其不孫也，寧固。"

37. 子曰："君子坦蕩蕩，小人長戚戚。"

38. 子溫而厲，威而不猛，恭而安。

泰伯第八

1. 子曰："泰伯，其可謂至德也已矣。三以天下讓，民無得而稱焉。"

2. 子曰："恭而無禮則勞，慎而無禮則葸，勇而無禮則亂，直而無禮則絞。君子篤於親，則民興於仁；故舊不遺，則民不偷。"

3. 曾子有疾，召門弟子曰："啟予足！啟予手！《詩》云：'戰戰兢兢，如臨深淵，如履薄冰。'而今而後，吾知免夫！小子！"

4. 曾子有疾，孟敬子問之。曾子言曰："鳥之將死，其鳴也哀；人之將死，其言也善。君子所貴乎道者三：動容貌，斯遠暴慢矣；正顏色，斯近信矣；出辭氣，斯遠鄙倍矣。籩豆之事，則有司存。"

5. 曾子曰："以能問於不能，以多問於寡；有若無，實若虛，犯而不校：昔者吾友嘗從事於斯矣。"

6. 曾子曰："可以託六尺之孤，可以寄百里之命，臨大節而不可奪也。君子人與？君子人也。"

7. 曾子曰："士不可以不弘毅，任重而道遠。仁以爲己任，不亦重乎？死而後已，不亦遠乎？"

8. 子曰："興於《詩》，立於禮，成於樂。"

9. 子曰："民可使由之，不可使知之。"

10. 子曰："好勇疾貧，亂也。人而不仁，疾之已甚，亂也。"
11. 子曰："如有周公之才之美，使驕且吝，其餘不足觀也已。"
12. 子曰："三年學，不至於穀，不易得也。"
13. 子曰："篤信好學，守死善道。危邦不入，亂邦不居。天下有道則見，無道則隱。邦有道，貧且賤焉，恥也；邦無道，富且貴焉，恥也。"
14. 子曰："不在其位，不謀其政。"
15. 子曰："師摯之始，《關雎》之亂，洋洋乎盈耳哉！"
16. 子曰："狂而不直，侗而不愿，悾悾而不信，吾不知之矣。"
17. 子曰："學如不及，猶恐失之。"
18. 子曰："巍巍乎，舜、禹之有天下也，而不與焉！"
19. 子曰："大哉！堯之為君也。巍巍乎！唯天為大，唯堯則之。蕩蕩乎！民無能名焉。巍巍乎！其有成功也。煥乎！其有文章。"
20. 舜有臣五人而天下治。武王曰："予有亂臣十人*。"孔子曰："才難，不其然乎？唐、虞之際，於斯為盛。有婦人焉，九人而已。三分天下有其二，以服事殷。周之德，其可謂至德也已矣。"
21. 子曰："禹，吾無間然矣。菲飲食，而致孝乎鬼神；惡衣服，而致美乎黻冕；卑宮室，而盡力乎溝洫。禹，吾無間然矣。"

子罕第九

1. 子罕言利與命與仁。
2. 達巷黨人曰："大哉孔子！博學而無所成名。"子聞之，謂門弟子曰："吾何執？執御乎？執射乎？吾執御矣。"
3. 子曰："麻冕，禮也；今也純，儉，吾從眾。拜下，禮也；今拜乎上，泰也。雖違眾，吾從下。"
4. 子絕四：毋意，毋必，毋固，毋我。

---

* "予有亂臣十人"，劉寶楠《論語正義》作"予有乱十人"。——編注

5. 子畏於匡，曰："文王既沒，文不在茲乎？天之將喪斯文也，後死者不得與於斯文也；天之未喪斯文也，匡人其如予何？"

6. 太宰問於子貢曰："夫子聖者與？何其多能也？"子貢曰："固天縱之將聖，又多能也。"子聞之曰："太宰知我乎？吾少也賤，故多能鄙事。君子多乎哉？不多也。"

7. 牢曰："子云：'吾不試，故藝。'"

8. 子曰："吾有知乎哉？無知也。有鄙夫問於我，空空如也。我叩其兩端而竭焉。"

9. 子曰："鳳鳥不至，河不出圖，吾已矣夫！"

10. 子見齊衰者、冕衣裳者與瞽者，見之，雖少，必作；過之，必趨。

11. 顏淵喟然歎曰："仰之彌高，鑽之彌堅。瞻之在前，忽焉在後。夫子循循然善誘人，博我以文，約我以禮，欲罷不能。既竭吾才，如有所立卓爾。雖欲從之，末由也已。"

12. 子疾病，子路使門人爲臣。病間，曰："久矣哉，由之行詐也！無臣而爲有臣，吾誰欺？欺天乎？且予與其死於臣之手也，無寧死於二三子之手乎！且予縱不得大葬，予死於道路乎？"

13. 子貢曰："有美玉於斯，韞匵而藏諸？求善賈而沽諸？"子曰："沽之哉！沽之哉！我待賈者也。"

14. 子欲居九夷。或曰："陋，如之何？"子曰："君子居之，何陋之有？"

15. 子曰："吾自衛反魯，然後樂正，《雅》《頌》各得其所。"

16. 子曰："出則事公卿，入則事父兄，喪事不敢不勉，不爲酒困，何有於我哉？"

17. 子在川上曰："逝者如斯夫！不舍晝夜。"

18. 子曰："吾未見好德如好色者也。"

19. 子曰："譬如爲山，未成一簣，止，吾止也。譬如平地，雖覆一簣，進，吾往也。"

20. 子曰："語之而不惰者，其回也與？"

21. 子謂顏淵曰："惜乎！吾見其進也，未見其止也。"

22. 子曰："苗而不秀者有矣夫！秀而不實者有矣夫！"

23. 子曰："後生可畏，焉知來者之不如今也？四十、五十而無聞焉，斯亦不足畏也已！"
24. 子曰："法語之言，能無從乎？改之爲貴。巽與之言，能無說乎？繹之爲貴。說而不繹，從而不改，吾末如之何也已矣。"
25. 子曰："主忠信，毋*友不如己者，過則勿憚改。"
26. 子曰："三軍可奪帥也，匹夫不可奪志也。"
27. 子曰："衣敝縕袍，與衣狐貉者立，而不恥者，其由也與？'不忮不求，何用不臧？'"子路終身誦之。子曰："是道也，何足以臧？"
28. 子曰："歲寒，然後知松柏之後彫也。"
29. 子曰："知者不惑，仁者不憂，勇者不懼。"
30. 子曰："可與共學，未可與適道；可與適道，未可與立；可與立，未可與權。"
31. "唐棣之華，偏其反而，豈不爾思？室是遠而。"子曰："未之思也，夫何遠之有？"

鄉黨第十

1. 孔子於鄉黨，恂恂如也，似不能言者。其在宗廟朝廷，便便言，唯謹爾。
2. 朝，與下大夫言，侃侃如也；與上大夫言，誾誾如也。君在，踧踖如也，與與如也。
3. 君召使擯，色勃如也，足躩如也。揖所與立，左右手，衣前後，襜如也。趨進，翼如也。賓退，必復命曰："賓不顧矣。"
4. 入公門，鞠躬如也，如不容。立不中門，行不履閾。過位，色勃如也，足躩如也，其言似不足者。攝齊升堂，鞠躬如也，屏氣似不息者。出，降一等，逞顏色，怡怡如也。沒階，趨進，翼如也。復其位，踧踖

---

* "毋"，劉寶楠《論語正義》作"无"。——編注

如也。

5. 執圭，鞠躬如也，如不勝。上如揖，下如授。勃如戰色，足縮縮如有循。享禮，有容色。私覿，愉愉如也。

6. 君子不以紺緅飾，紅紫不以爲褻服。當暑，袗絺綌，必表而出之。緇衣，羔裘；素衣，麑裘；黃衣，狐裘。褻裘長，短右袂。必有寢衣，長一身有半。狐貉之厚以居。去喪，無所不佩。非帷裳，必殺之。羔裘玄冠，不以弔。吉月，必朝服而朝。

7. 齊，必有明衣，布。齊，必變食，居必遷坐。

8. 食不厭精，膾不厭細。食饐而餲，魚餒而肉敗，不食。色惡，不食。臭惡，不食。失飪，不食。不時，不食。割不正，不食。不得其醬，不食。肉雖多，不使勝食氣。唯酒無量，不及亂。沽酒市脯，不食。不撤薑食，不多食。

9. 祭於公，不宿肉。祭肉不出三日。出三日，不食之矣。

10. 食不語，寢不言。

11. 雖疏食菜羹，瓜祭，必齊如也。

12. 席不正，不坐。

13. 鄉人飲酒，杖者出，斯出矣。

14. 鄉人儺，朝服而立於阼階。

15. 問人於他邦，再拜而送之。

16. 康子饋藥，拜而受之。曰："丘未達，不敢嘗。"

17. 廄焚。子退朝，曰："傷人乎？"不問馬。

18. 君賜食，必正席，先嘗之。君賜腥，必熟而薦之。君賜生，必畜之。侍食於君，君祭，先飯。

19. 疾，君視之，東首，加朝服，拖紳。

20. 君命召，不俟駕行矣。

21. 入太廟，每事問。

22. 朋友死，無所歸，曰："於我殯。"

23. 朋友之饋，雖車馬，非祭肉，不拜。

24. 寢不尸，居不客*。

25. 見齊衰者，雖狎必變。見冕者與瞽者，雖褻必以貌。凶服者式之，式負版者。有盛饌，必變色而作。迅雷風烈必變。

26. 升車，必正立，執綏。車中，不內顧，不疾言，不親指。

27. 色斯舉矣，翔而後集。曰："山梁雌雉，時哉時哉！"子路共之，三嗅而作。

先進第十一

1. 子曰："先進於禮樂，野人也；後進於禮樂，君子也。如用之，則吾從先進。"

2. 子曰："從我於陳、蔡者，皆不及門也。"

3. 德行：顏淵，閔子騫，冉伯牛，仲弓。言語：宰我，子貢。政事：冉有，季路。文學：子游，子夏。

4. 子曰："回也非助我者也，於吾言無所不說。"

5. 子曰："孝哉閔子騫！人不間於其父母、昆弟之言。"

6. 南容三復白圭，孔子以其兄之子妻之。

7. 季康子問："弟子孰爲好學？"孔子對曰："有顏回者好學，不幸短命死矣，今也則亡。"

8. 顏淵死，顏路請子之車以爲之椁。子曰："才不才，亦各言其子也。鯉也死，有棺而無椁。吾不徒行以爲之椁，以吾從大夫之後，不可徒行也。"

9. 顏淵死，子曰："噫！天喪予！天喪予！"

10. 顏淵死，子哭之慟。從者曰："子慟矣！"曰："有慟乎？非夫人之爲慟而誰爲？"

11. 顏淵死，門人欲厚葬之。子曰："不可。"門人厚葬之。子曰："回

---

* "客"，劉寶楠《論語正義》作"容"。——編注

也視予猶父也,予不得視猶子也,非我也,夫二三子也。"

12. 季路問事鬼神。子曰:"未能事人,焉能事鬼?""敢問死?"曰:"未知生,焉知死?"

13. 閔子侍側,誾誾如也;子路,行行如也;冉有、子貢,侃侃如也。子樂。"若由也,不得其死然。"

14. 魯人爲長府。閔子騫曰:"仍舊貫,如之何?何必改作?"子曰:"夫人不言,言必有中。"

15. 子曰:"由之瑟奚爲於丘之門?"門人不敬子路。子曰:"由也升堂矣,未入於室也。"

16. 子貢問:"師與商也孰賢?"子曰:"師也過,商也不及。"曰:"然則師愈與?"子曰:"過猶不及。"

17. 季氏富於周公,而求也爲之聚斂而附益之。子曰:"非吾徒也,小子鳴鼓而攻之,可也。"

18. 柴也愚,參也魯,師也辟,由也喭。

19. 子曰:"回也其庶乎,屢空。賜不受命,而貨殖焉,億則屢中。"

20. 子張問善人之道。子曰:"不踐迹,亦不入於室。"

21. 子曰:"論篤是與,君子者乎?色莊者乎?"

22. 子路問:"聞斯行諸?"子曰:"有父兄在,如之何其聞斯行之?"冉有問:"聞斯行諸?"子曰:"聞斯行之。"公西華曰:"由也問'聞斯行諸',子曰'有父兄在';求也問'聞斯行諸',子曰'聞斯行之'。赤也惑,敢問。"子曰:"求也退,故進之;由也兼人,故退之。"

23. 子畏於匡,顔淵後。子曰:"吾以女爲死矣。"曰:"子在,回何敢死?"

24. 季子然問:"仲由、冉求可謂大臣與?"子曰:"吾以子爲異之問,曾由與求之問。所謂大臣者,以道事君,不可則止。今由與求也,可謂具臣矣。"曰:"然則從之者與?"子曰:"弑父與君,亦不從也。"

25. 子路使子羔爲費宰。子曰:"賊夫人之子。"子路曰:"有民人焉,有社稷焉,何必讀書,然後爲學?"子曰:"是故惡夫佞者。"

26. 子路、曾晳、冉有、公西華侍坐。子曰:"以吾一日長乎爾,毋吾以也。居則曰:'不吾知也!'如或知爾,則何以哉?"子路率爾而對曰："千乘之國，攝乎大國之間，加之以師旅，因之以饑饉。由也爲之，比及三年，可使有勇，且知方也。"夫子哂之。"求！爾何如？"對曰："方六七十，如五六十，求也爲之，比及三年，可使足民。如其禮樂，以俟君子。""赤！爾何如？"對曰："非曰能之，願學焉。宗廟之事，如會同，端章甫，願爲小相焉。""點！爾何如？"鼓瑟希，鏗爾，舍瑟而作，對曰："異乎三子者之撰。"子曰："何傷乎？亦各言其志也。"曰："莫春者，春服既成，冠者五六人，童子六七人，浴乎沂，風乎舞雩，詠而歸。"夫子喟然歎曰："吾與點也。"三子者出，曾晳後。曾晳曰："夫三子者之言何如？"子曰："亦各言其志也已矣。"曰："夫子何哂由也？"曰："爲國以禮，其言不讓，是故哂之。""唯求則非邦也與？""安見方六七十如五六十而非邦也者？""唯赤非邦也與？""宗廟會同，非諸侯而何？赤也爲之小，孰能爲之大？"

顏淵第十二

1. 顏淵問仁。子曰："克己復禮爲仁。一日克己復禮，天下歸仁焉。爲仁由己，而由人乎哉？"顏淵曰："請問其目？"子曰："非禮勿視，非禮勿聽，非禮勿言，非禮勿動。"顏淵曰："回雖不敏，請事斯語矣。"
2. 仲弓問仁。子曰："出門如見大賓，使民如承大祭。己所不欲，勿施於人。在邦無怨，在家無怨。"仲弓曰："雍雖不敏，請事斯語矣。"
3. 司馬牛問仁。子曰："仁者，其言也訒。"曰："其言也訒，斯謂之仁已乎？"子曰："爲之難，言之得無訒乎？"
4. 司馬牛問君子。子曰："君子不憂不懼。"曰："不憂不懼，斯謂之君子已乎？"子曰："內省不疚，夫何憂何懼？"
5. 司馬牛憂曰："人皆有兄弟，我獨亡*！"子夏曰："商聞之矣：死生有命，富貴在天。君子敬而無失，與人恭而有禮，四海之內，皆兄弟

---

* "亡"，劉寶楠《論語正義》作"無"。——編注

也。君子何患乎無兄弟也?"

6. 子張問明。子曰:"浸潤之譖,膚受之愬,不行焉,可謂明也已矣。浸潤之譖,膚受之愬,不行焉,可謂遠也已矣。"

7. 子貢問政。子曰:"足食,足兵,民信之矣。"子貢曰:"必不得已而去,於斯三者何先?"曰:"去兵。"子貢曰:"必不得已而去,於斯二者何先?"曰:"去食。自古皆有死,民無信不立。"

8. 棘子成曰:"君子質而已矣,何以文爲?"子貢曰:"惜乎,夫子之說君子也,駟不及舌!文猶質也,質猶文也。虎豹之鞹,猶犬羊之鞹。"

9. 哀公問於有若曰:"年饑,用不足,如之何?"有若對曰:"盍徹乎?"曰:"二,吾猶不足,如之何其徹也?"對曰:"百姓足,君孰與不足?百姓不足,君孰與足?"

10. 子張問崇德辨惑。子曰:"主忠信,徙義,崇德也。愛之欲其生,惡之欲其死。既欲其生,又欲其死,是惑也。'誠不以富,亦祇以異。'"

11. 齊景公問政於孔子。孔子對曰:"君君,臣臣,父父,子子。"公曰:"善哉!信如君不君,臣不臣,父不父,子不子,雖有粟,吾得而食諸?"

12. 子曰:"片言可以折獄者,其由也與?"子路無宿諾。

13. 子曰:"聽訟,吾猶人也。必也使無訟乎!"

14. 子張問政。子曰:"居之無倦,行之以忠。"

15. 子曰:"博學於文,約之以禮,亦可以弗畔矣夫!"

16. 子曰:"君子成人之美,不成人之惡。小人反是。"

17. 季康子問政於孔子。孔子對曰:"政者,正也。子帥以正,孰敢不正?"

18. 季康子患盜,問於孔子。孔子對曰:"苟子之不欲,雖賞之不竊。"

19. 季康子問政於孔子:"如殺無道,以就有道,何如?"孔子對曰:"子爲政,焉用殺?子欲善而民善矣。君子之德風,小人之德草,草上之風,必偃。"

20. 子張問:"士何如斯可謂之達矣?"子曰:"何哉,爾所謂達者?"子張對曰:"在邦必聞,在家必聞。"子曰:"是聞也,非達也。夫達也者，質直而好義，察言而觀色，慮以下人。在邦必達，在家必達。夫聞也者，色取仁而行違，居之不疑。在邦必聞，在家必聞。"

21. 樊遲從遊於舞雩之下，曰："敢問崇德，修慝，辨惑。"子曰："善哉問！先事後得，非崇德與？攻其惡，無攻人之惡，非修慝與？一朝之忿，忘其身，以及其親，非惑與？"

22. 樊遲問仁。子曰："愛人。"問知。子曰："知人。"樊遲未達。子曰："舉直錯諸枉，能使枉者直。"樊遲退，見子夏曰："鄉也吾見於夫子而問知，子曰：'舉直錯諸枉，能使枉者直。'何謂也？"子夏曰："富哉言乎！舜有天下，選於衆，舉皋陶，不仁者遠矣。湯有天下，選於衆，舉伊尹，不仁者遠矣。"

23. 子貢問友。子曰："忠告而善道之，不可則止，毋自辱焉。"

24. 曾子曰："君子以文會友，以友輔仁。"

子路第十三

1. 子路問政。子曰："先之勞之。"請益。曰："無倦。"

2. 仲弓爲季氏宰，問政。子曰："先有司，赦小過，舉賢才。"曰："焉知賢才而舉之？"曰："舉爾所知。爾所不知，人其舍諸？"

3. 子路曰："衛君待子而爲政，子將奚先？"子曰："必也正名乎！"子路曰："有是哉，子之迂也！奚其正？"子曰："野哉，由也！君子於其所不知，蓋闕如也。名不正，則言不順；言不順，則事不成；事不成，則禮樂不興；禮樂不興，則刑罰不中；刑罰不中，則民無所措手足。故君子名之必可言也，言之必可行也。君子於其言，無所苟而已矣。"

4. 樊遲請學稼。子曰："吾不如老農。"請學爲圃。曰："吾不如老圃。"樊遲出。子曰："小人哉，樊須也！上好禮，則民莫敢不敬；上好義，則民莫敢不服；上好信，則民莫敢不用情。夫如是，則四方之民，襁負其子而至矣，焉用稼！"

5. 子曰："誦《詩》三百，授之以政，不達；使於四方，不能專對；雖多,亦奚以爲?"

6. 子曰:"其身正,不令而行;其身不正,雖令不從。"

7. 子曰:"魯、衛之政,兄弟也。"

8. 子謂衛公子荆,"善居室。始有,曰:'苟合矣。'少有,曰:'苟完矣。'富有,曰:'苟美矣。'"

9. 子適衛,冉有僕。子曰:"庶矣哉!"冉有曰:"既庶矣,又何加焉?"曰:"富之。"曰:"既富矣,又何加焉?"曰:"教之。"

10. 子曰:"苟有用我者,期月而已可也,三年有成。"

11. 子曰:"'善人爲邦百年,亦可以勝殘去殺矣。'誠哉是言也!"

12. 子曰:"如有王者,必世而後仁。"

13. 子曰:"苟正其身矣,於從政乎何有?不能正其身,如正人何?"

14. 冉子退朝。子曰:"何晏也?"對曰:"有政。"子曰:"其事也。如有政,雖不吾以,吾其與聞之。"

15. 定公問:"一言而可以興邦,有諸?"孔子對曰:"言不可以若是其幾也。人之言曰:'爲君難,爲臣不易。'如知爲君之難也,不幾乎一言而興邦乎?"曰:"一言而喪邦,有諸?"孔子對曰:"言不可以若是其幾也。人之言曰:'予無樂乎爲君,唯其言而莫予違也。'如其善而莫之違也,不亦善乎?如不善而莫之違也,不幾乎一言而喪邦乎?"

16. 葉公問政。子曰:"近者說,遠者來。"

17. 子夏爲莒父宰,問政。子曰:"無欲速,無見小利。欲速,則不達;見小利,則大事不成。"

18. 葉公語孔子曰:"吾黨有直躬者,其父攘羊,而子證之。"孔子曰:"吾黨之直者異於是:父爲子隱,子爲父隱。直在其中矣。"

19. 樊遲問仁。子曰:"居處恭,執事敬,與人忠。雖之夷狄,不可棄也。"

20. 子貢問曰:"何如斯可謂之士矣?"子曰:"行己有恥,使於四方,不辱君命,可謂士矣。"曰:"敢問其次?"曰:"宗族稱孝焉,鄉黨稱弟焉。"曰:"敢問其次?"曰:"言必信,行必果,硜硜然小人哉!抑亦可以爲次矣。"曰:"今之從政者何如?"子曰:"噫!斗筲之人,何足算也?"

21. 子曰:"不得中行而與之,必也狂狷乎!狂者進取,狷者有所不爲也。"

22. 子曰:"南人有言曰:'人而無恒,不可以作巫醫。'善夫!'不恒其德,或承之羞。'"子曰:"不占而已矣。"

23. 子曰:"君子和而不同,小人同而不和。"

24. 子貢問曰:"鄉人皆好之,何如?"子曰:"未可也。""鄉人皆惡之,何如?"子曰:"未可也。不如鄉人之善者好之,其不善者惡之。"

25. 子曰:"君子易事而難說也。說之不以道,不說也;及其使人也,器之。小人難事而易說也。說之雖不以道,說也;及其使人也,求備焉。"

26. 子曰:"君子泰而不驕,小人驕而不泰。"

27. 子曰:"剛、毅、木、訥近仁。"

28. 子路問曰:"何如斯可謂之士矣?"子曰:"切切偲偲,怡怡如也,可謂士矣。朋友切切偲偲,兄弟怡怡。"

29. 子曰:"善人教民七年,亦可以即戎矣。"

30. 子曰:"以不教民戰,是謂棄之。"

憲問第十四

1. 憲問恥。子曰:"邦有道,穀;邦無道,穀,恥也。""克、伐、怨、欲不行焉,可以爲仁矣?"子曰:"可以爲難矣,仁則吾不知也。"

2. 子曰:"士而懷居,不足以爲士矣。"

3. 子曰:"邦有道,危言危行;邦無道,危行言孫。"

4. 子曰:"有德者必有言,有言者不必有德。仁者必有勇,勇者不必有仁。"

5. 南宮适問於孔子曰:"羿善射,奡盪舟,俱不得其死然。禹、稷躬稼而有天下。"夫子不答。南宮适出,子曰:"君子哉若人!尚德哉若人!"

6. 子曰:"君子而不仁者有矣夫,未有小人而仁者也。"

7. 子曰:"愛之,能勿勞乎?忠焉,能勿誨乎?"

8. 子曰:"爲命,裨諶草創之,世叔討論之,行人子羽修飾之,東里子產潤色之。"

9. 或問子產。子曰:"惠人也。"問子西。曰:"彼哉!彼哉!"問管仲。曰:"人也。奪伯氏騈邑三百,飯疏食,沒齒無怨言。"

10. 子曰:"貧而無怨,難;富而無驕,易。"

11. 子曰:"孟公綽爲趙、魏老則優,不可以爲滕、薛大夫。"

12. 子路問成人。子曰:"若臧武仲之知,公綽之不欲,卞莊子之勇,冉求之藝,文之以禮樂,亦可以爲成人矣。"曰:"今之成人者何必然?見利思義,見危授命,久要不忘平生之言,亦可以爲成人矣。"

13. 子問公叔文子於公明賈曰:"信乎,夫子不言,不笑,不取乎?"公明賈對曰:"以告者過也。夫子時然後言,人不厭其言;樂然後笑,人不厭其笑;義然後取,人不厭其取。"子曰:"其然?豈其然乎?"

14. 子曰:"臧武仲以防求爲後於魯,雖曰不要君,吾不信也。"

15. 子曰:"晉文公譎而不正,齊桓公正而不譎。"

16. 子路曰:"桓公殺公子糾,召忽死之,管仲不死。"曰:"未仁乎?"子曰:"桓公九合諸侯,不以兵車,管仲之力也。如其仁,如其仁。"

17. 子貢曰:"管仲非仁者與?桓公殺公子糾,不能死,又相之。"子曰:"管仲相桓公,霸諸侯,一匡天下,民到于今受其賜。微管仲,吾其被髮左衽矣!豈若匹夫匹婦之爲諒也,自經於溝瀆而莫之知也?"

18. 公叔文子之臣大夫僎與文子同升諸公。子聞之曰:"可以爲'文'矣。"

19. 子言衛靈公之無道也,康子曰:"夫如是,奚而不喪?"孔子曰:"仲叔圉治賓客,祝鮀治宗廟,王孫賈治軍旅。夫如是,奚其喪?"

20. 子曰:"其言之不怍,則爲之也難!"

21. 陳成子弒簡公。孔子沐浴而朝,告於哀公曰:"陳恒弒其君,請討之。"公曰:"告夫三子。"孔子曰:"以吾從大夫之後,不敢不告也。君曰:'告夫三子'者。"之三子告,不可。孔子曰:"以吾從大夫之後,不敢不告也。"

22. 子路問事君。子曰:"勿欺也,而犯之。"

23. 子曰:"君子上達,小人下達。"

24. 子曰:"古之學者爲己,今之學者爲人。"

25. 蘧伯玉使人於孔子。孔子與之坐而問焉，曰："夫子何爲？"對曰："夫子欲寡其過而未能也。"使者出。子曰："使乎！使乎！"
26. 子曰："不在其位，不謀其政。"曾子曰："君子思不出其位。"
27. 子曰："君子恥其言而過其行。"
28. 子曰："君子道者三，我無能焉：仁者不憂，知者不惑，勇者不懼。"子貢曰："夫子自道也。"
29. 子貢方人。子曰："賜也賢乎哉？夫我則不暇！"
30. 子曰："不患人之不己知，患其不能也。"
31. 子曰："不逆詐，不億不信，抑亦先覺者，是賢乎！"
32. 微生畝謂孔子曰："丘何爲是栖栖者與？無乃爲佞乎？"孔子曰："非敢爲佞也，疾固也。"
33. 子曰："驥不稱其力，稱其德也。"
34. 或曰："以德報怨，何如？"子曰："何以報德？以直報怨，以德報德。"
35. 子曰："莫我知也夫！"子貢曰："何爲其莫知子也？"子曰："不怨天，不尤人，下學而上達，知我者其天乎？"
36. 公伯寮愬子路於季孫。子服景伯以告，曰："夫子固有惑志於公伯寮，吾力猶能肆諸市朝。"子曰："道之將行也與，命也；道之將廢也與，命也。公伯寮其如命何！"
37. 子曰："賢者辟世，其次辟地，其次辟色，其次辟言。"子曰："作者七人矣。"
38. 子路宿於石門。晨門曰："奚自？"子路曰："自孔氏。"曰："是知其不可而爲之者與？"
39. 子擊磬於衛，有荷蕢而過孔氏之門者，曰："有心哉，擊磬乎！"既而曰："鄙哉，硜硜乎！莫己知也，斯己而已矣。'深則厲，淺則揭。'"子曰："果哉！末之難矣。"
40. 子張曰："《書》云：'高宗諒陰，三年不言。'何謂也？"子曰："何必高宗，古之人皆然。君薨，百官總己以聽於冢宰三年。"
41. 子曰："上好禮，則民易使也。"
42. 子路問君子。子曰："修己以敬。"曰："如斯而已乎？"曰："修己以安人。"曰:"如斯而已乎?"曰:"修己以安百姓。修己以安百姓,堯、舜其猶病諸!"

43. 原壤夷俟。子曰:"幼而不孫弟,長而無述焉,老而不死是爲賊。"以杖叩其脛。

44. 闕黨童子將命。或問之曰:"益者與?"子曰:"吾見其居於位也,見其與先生並行也,非求益者也,欲速成者也。"

衛靈公第十五

1. 衛靈公問陳於孔子。孔子對曰:"俎豆之事,則嘗聞之矣;軍旅之事,未之學也。"明日遂行。
2. 在陳絕糧。從者病,莫能興。子路慍見曰:"君子亦有窮乎?"子曰:"君子固窮,小人窮斯濫矣。"
3. 子曰:"賜也,女以予爲多學而識之者與?"對曰:"然,非與?"曰:"非也,予一以貫之。"
4. 子曰:"由!知德者鮮矣。"
5. 子曰:"無爲而治者其舜也與?夫何爲哉?恭己正南面而已矣。"
6. 子張問行。子曰:"言忠信,行篤敬,雖蠻貊之邦,行矣。言不忠信,行不篤敬,雖州里,行乎哉?立則見其參於前也,在輿則見其倚於衡也,夫然後行。"子張書諸紳。
7. 子曰:"直哉史魚!邦有道,如矢;邦無道,如矢。君子哉蘧伯玉!邦有道,則仕;邦無道,則可卷而懷之。"
8. 子曰:"可與言而不與之言,失人;不可與言而與之言,失言。知者不失人,亦不失言。"
9. 子曰:"志士仁人,無求生以害仁,有殺身以成仁。"
10. 子貢問爲仁。子曰:"工欲善其事,必先利其器。居是邦也,事其大夫之賢者,友其士之仁者。"
11. 顏淵問爲邦。子曰:"行夏之時,乘殷之輅,服周之冕,樂則《韶》舞,放鄭聲,遠佞人。鄭聲淫,佞人殆。"

12. 子曰："人無遠慮，必有近憂。"
13. 子曰："已矣乎！吾未見好德如好色者也。"
14. 子曰："臧文仲其竊位者與！知柳下惠之賢而不與立也。"
15. 子曰："躬自厚而薄責於人，則遠怨矣。"
16. 子曰："不曰'如之何，如之何'者，吾末如之何也已矣。"
17. 子曰："羣居終日，言不及義，好行小慧，難矣哉！"
18. 子曰："君子義以爲質，禮以行之，孫以出之，信以成之。君子哉！"
19. 子曰："君子病無能焉，不病人之不己知也。"
20. 子曰："君子疾沒世而名不稱焉。"
21. 子曰："君子求諸己，小人求諸人。"
22. 子曰："君子矜而不爭，羣而不黨。"
23. 子曰："君子不以言舉人，不以人廢言。"
24. 子貢問曰："有一言而可以終身行之者乎？"子曰："其恕乎！己所不欲，勿施於人。"
25. 子曰："吾之於人也，誰毀誰譽？如有所譽者，其有所試矣。斯民也，三代之所以直道而行也。"
26. 子曰："吾猶及史之闕文也。有馬者借人乘之，今亡矣夫！"
27. 子曰："巧言亂德。小不忍，則亂大謀。"
28. 子曰："衆惡之，必察焉；衆好之，必察焉。"
29. 子曰："人能弘道，非道弘人。"
30. 子曰："過而不改，是謂過矣。"
31. 子曰："吾嘗終日不食，終夜不寢，以思，無益，不如學也。"
32. 子曰："君子謀道不謀食。耕也，餒在其中矣；學也，祿在其中矣。君子憂道不憂貧。"
33. 子曰："知及之，仁不能守之；雖得之，必失之。知及之，仁能守之，不莊以涖之，則民不敬。知及之，仁能守之，莊以涖之，動之不以禮，未善也。"
34. 子曰："君子不可小知，而可大受也；小人不可大受，而可小知也。"
35. 子曰："民之於仁也，甚於水火。水火，吾見蹈而死者矣，未見蹈仁而死者也。"

36. 子曰："當仁，不讓於師。"
37. 子曰："君子貞而不諒。"
38. 子曰："事君，敬其事而後其食。"
39. 子曰："有教無類。"
40. 子曰："道不同，不相爲謀。"
41. 子曰："辭達而已矣。"
42. 師冕見，及階，子曰："階也。"及席，子曰："席也。"皆坐，子告之曰："某在斯，某在斯。"師冕出。子張問曰："與師言之道與？"子曰："然，固相師之道也。"

季氏第十六

1. 季氏將伐顓臾。冉有、季路見於孔子曰："季氏將有事於顓臾。"孔子曰："求！無乃爾是過與？夫顓臾，昔者先王以爲東蒙主，且在邦域之中矣，是社稷之臣也。何以伐爲？"冉有曰："夫子欲之，吾二臣者，皆不欲也。"孔子曰："求！周任有言：'陳力就列，不能者止。'危而不持，顛而不扶，則將焉用彼相矣？且爾言過矣，虎兕出於柙，龜玉毀於櫝中，是誰之過與？"冉有曰："今夫顓臾，固而近於費。今不取，後世必爲子孫憂。"孔子曰："求！君子疾夫舍曰欲之而必爲之辭。丘也聞有國有家者，不患寡而患不均，不患貧而患不安。蓋均無貧，和無寡，安無傾。夫如是，故遠人不服，則修文德以來之。既來之，則安之。今由與求也，相夫子，遠人不服，而不能來也；邦分崩離析，而不能守也；而謀動干戈於邦內。吾恐季孫之憂，不在顓臾，而在蕭牆之內也。"
2. 孔子曰："天下有道，則禮樂征伐自天子出；天下無道，則禮樂征伐自諸侯出。自諸侯出，蓋十世希不失矣；自大夫出，五世希不失矣；陪臣執國命，三世希不失矣。天下有道，則政不在大夫。天下有道，則庶人不議。"
3. 孔子曰："禄之去公室五世矣，政逮於大夫四世矣。故夫三桓之子孫微矣。"

4. 孔子曰："益者三友，損者三友。友直，友諒，友多聞，益矣。友便辟，友善柔，友便佞，損矣。"

5. 孔子曰："益者三樂，損者三樂。樂節禮樂，樂道人之善，樂多賢友，益矣。樂驕樂，樂佚遊，樂宴樂，損矣。"

6. 孔子曰："侍於君子有三愆：言未及之而言謂之躁，言及之而不言謂之隱，未見顏色而言謂之瞽。"

7. 孔子曰："君子有三戒：少之時，血氣未定，戒之在色；及其壯也，血氣方剛，戒之在鬬；及其老也，血氣既衰，戒之在得。"

8. 孔子曰："君子有三畏：畏天命，畏大人，畏聖人之言。小人不知天命而不畏也，狎大人，侮聖人之言。"

9. 孔子曰："生而知之者上也，學而知之者次也。困而學之，又其次也。困而不學，民斯為下矣。"

10. 孔子曰："君子有九思：視思明，聽思聰，色思溫，貌思恭，言思忠，事思敬，疑思問，忿思難，見得思義。"

11. 孔子曰："見善如不及，見不善而探湯。吾見其人矣，吾聞其語矣。隱居以求其志，行義以達其道。吾聞其語矣，未見其人也。"

12. 齊景公有馬千駟，死之日，民無德而稱焉。伯夷、叔齊餓于首陽之下，民到于今稱之。其斯之謂與？

13. 陳亢問於伯魚曰："子亦有異聞乎？"對曰："未也。嘗獨立，鯉趨而過庭。曰：'學《詩》乎？'對曰：'未也。''不學《詩》，無以言。'鯉退而學《詩》。他日，又獨立，鯉趨而過庭。曰：'學禮乎？'對曰：'未也。''不學禮，無以立。'鯉退而學禮。聞斯二者。"陳亢退而喜曰："問一得三，聞《詩》，聞禮，又聞君子之遠其子也。"

14. 邦君之妻，君稱之曰"夫人"，夫人自稱曰"小童"。邦人稱之曰"君夫人"，稱諸異邦曰"寡小君"。異邦人稱之亦曰"君夫人"。

陽貨第十七

1. 陽貨欲見孔子，孔子不見，歸孔子豚。孔子時其亡也，而往拜之。

遇諸塗。謂孔子曰:"來!予與爾言。"曰:"懷其寶而迷其邦,可謂仁乎?"曰:"不可。""好從事而亟失時,可謂知乎?"曰:"不可。""日月逝矣,歲不我與。"孔子曰:"諾。吾將仕矣。"

2. 子曰:"性相近也,習相遠也。"

3. 子曰:"唯上知與下愚不移。"

4. 子之武城,聞弦歌之聲。夫子莞爾而笑,曰:"割雞焉用牛刀?"子游對曰:"昔者偃也聞諸夫子曰:'君子學道則愛人,小人學道則易使也。'"子曰:"二三子!偃之言是也,前言戲之耳!"

5. 公山弗擾以費畔,召,子欲往。子路不說,曰:"末之也已,何必公山氏之之也?"子曰:"夫召我者,而豈徒哉?如有用我者,吾其爲東周乎?"

6. 子張問仁於孔子。孔子曰:"能行五者於天下,爲仁矣。""請問之?"曰:"恭,寬,信,敏,惠。恭則不侮,寬則得衆,信則人任焉,敏則有功,惠則足以使人。"

7. 佛肸召,子欲往。子路曰:"昔者由也聞諸夫子曰:'親於其身爲不善者,君子不入也。'佛肸以中牟畔,子之往也,如之何?"子曰:"然,有是言也。不曰堅乎,磨而不磷;不曰白乎,涅而不緇。吾豈匏瓜也哉?焉能繫而不食?"

8. 子曰:"由也!女聞六言六蔽矣乎?"對曰:"未也。""居!吾語女:好仁不好學,其蔽也愚;好知不好學,其蔽也蕩;好信不好學,其蔽也賊;好直不好學,其蔽也絞;好勇不好學,其蔽也亂;好剛不好學,其蔽也狂。"

9. 子曰:"小子何莫學夫《詩》?《詩》,可以興,可以觀,可以羣,可以怨。邇之事父,遠之事君,多識於鳥獸草木之名。"

10. 子謂伯魚曰:"女爲《周南》《召南》矣乎?人而不爲《周南》《召南》,其猶正牆面而立也與?"

11. 子曰:"禮云禮云,玉帛云乎哉?樂云樂云,鐘鼓云乎哉?"

12. 子曰:"色厲而內荏,譬諸小人,其猶穿窬之盜也與?"

13. 子曰:"鄉原,德之賊也。"

14. 子曰:"道聽而塗說,德之棄也。"

15. 子曰:"鄙夫可與事君也與哉?其未得之也,患得之。既得之,患失之。苟患失之，無所不至矣。"

16. 子曰："古者民有三疾，今也或是之亡也。古之狂也肆，今之狂也蕩；古之矜也廉，今之矜也忿戾；古之愚也直，今之愚也詐而已矣。"

17. 子曰："巧言令色，鮮矣仁！"

18. 子曰："惡紫之奪朱也，惡鄭聲之亂雅樂也，惡利口之覆邦家者。"

19. 子曰："予欲無言。"子貢曰："子如不言，則小子何述焉？"子曰："天何言哉？四時行焉，百物生焉，天何言哉？"

20. 孺悲欲見孔子，孔子辭以疾。將命者出戶，取瑟而歌，使之聞之。

21. 宰我問："三年之喪，期已久矣。君子三年不爲禮，禮必壞；三年不爲樂，樂必崩。舊穀既沒，新穀既升，鑽燧改火，期可已矣。"子曰："食夫稻，衣夫錦，於女安乎？"曰："安。""女安則爲之。夫君子之居喪，食旨不甘，聞樂不樂，居處不安，故不爲也。今女安，則爲之。"宰我出。子曰："予之不仁也！子生三年，然後免於父母之懷。夫三年之喪，天下之通喪也，予也有三年之愛於其父母乎？"

22. 子曰："飽食終日，無所用心，難矣哉！不有博弈者乎？爲之猶賢乎已。"

23. 子路曰："君子尚勇乎？"子曰："君子義以爲上，君子有勇而無義爲亂，小人有勇而無義爲盜。"

24. 子貢曰："君子亦有惡乎？"子曰："有惡：惡稱人之惡者，惡居下流而訕上者，惡勇而無禮者，惡果敢而窒者。"曰："賜也亦有惡乎？""惡徼以爲知者，惡不孫以爲勇者，惡訐以爲直者。"

25. 子曰："唯女子與小人爲難養也，近之則不孫，遠之則怨。"

26. 子曰："年四十而見惡焉，其終也已。"

微子第十八

1. 微子去之，箕子爲之奴，比干諫而死。孔子曰："殷有三仁焉。"

2. 柳下惠爲士師，三黜。人曰："子未可以去乎？"曰："直道而事人，焉往而不三黜？枉道而事人，何必去父母之邦？"

3. 齊景公待孔子曰："若季氏，則吾不能；以季、孟之間待之。"曰："吾老矣，不能用也。"孔子行。

4. 齊人歸女樂，季桓子受之，三日不朝，孔子行。

5. 楚狂接輿歌而過孔子，曰："鳳兮鳳兮！何德之衰？往者不可諫，來者猶可追。已而已而，今之從政者殆而！"孔子下，欲與之言。趨而辟之，不得與之言。

6. 長沮、桀溺耦而耕，孔子過之，使子路問津焉。長沮曰："夫執輿者爲誰？"子路曰："爲孔丘。"曰："是魯孔丘與？"曰："是也。"曰："是知津矣。"問於桀溺。桀溺曰："子爲誰？"曰："爲仲由。"曰："是魯孔丘之徒與？"對曰："然。"曰："滔滔者天下皆是也，而誰以易之？且而與其從辟人之士也，豈若從辟世之士哉？"耰而不輟。子路行以告。夫子憮然曰："鳥獸不可與同羣，吾非斯人之徒與而誰與？天下有道，丘不與易也。"

7. 子路從而後，遇丈人，以杖荷蓧。子路問曰："子見夫子乎？"丈人曰："四體不勤，五穀不分，孰爲夫子？"植其杖而芸。子路拱而立。止子路宿，殺雞爲黍而食之，見其二子焉。明日，子路行以告。子曰："隱者也。"使子路反見之。至，則行矣。子路曰："不仕無義。長幼之節，不可廢也。君臣之義，如之何其廢？欲潔其身，而亂大倫。君子之仕也，行其義也。道之不行，已知之矣。"

8. 逸民：伯夷、叔齊、虞仲、夷逸、朱張、柳下惠、少連。子曰："不降其志，不辱其身，伯夷、叔齊與！"謂"柳下惠、少連，降志辱身矣，言中倫，行中慮，其斯而已矣。"謂"虞仲、夷逸，隱居放言，身中清，廢中權。我則異於是，無可無不可。"

9. 大師*摯適齊，亞飯干適楚，三飯繚適蔡，四飯缺適秦，鼓方叔入於河，播鼗武入於漢，少師陽、擊磬襄入於海。

10. 周公謂魯公曰："君子不施其親，不使大臣怨乎不以。故舊無大故，則不棄也。無求備於一人。"

---

* "大师"，刘宝楠《论语正义》作"太师"。——编注

11. 周有八士：伯達、伯适、仲突、仲忽、叔夜、叔夏、季隨、季騧。

子張第十九

1. 子張曰："士見危致命，見得思義，祭思敬，喪思哀，其可已矣。"
2. 子張曰："執德不弘，信道不篤，焉能爲有？焉能爲亡？"
3. 子夏之門人問交於子張。子張曰："子夏云何？"對曰："子夏曰：'可者與之，其不可者拒之。'"子張曰："異乎吾所聞：君子尊賢而容衆，嘉善而矜不能。我之大賢與，於人何所不容？我之不賢與，人將拒我，如之何其拒人也？"*
4. 子夏曰："雖小道，必有可觀者焉；致遠恐泥，是以君子不爲也。"
5. 子夏曰："日知其所亡，月無忘其所能，可謂好學也已矣。"
6. 子夏曰："博學而篤志，切問而近思，仁在其中矣。"
7. 子夏曰："百工居肆以成其事，君子學以致其道。"
8. 子夏曰："小人之過也必文。"
9. 子夏曰："君子有三變：望之儼然，卽之也溫，聽其言也厲。"
10. 子夏曰："君子信而後勞其民；未信，則以爲厲己也。信而後諫；未信，則以爲謗己也。"
11. 子夏曰："大德不踰閑，小德出入可也。"
12. 子游曰："子夏之門人小子，當洒掃、應對、進退，則可矣，抑末也。本之則無，如之何？"子夏聞之，曰："噫！言游過矣！君子之道，孰先傳焉？孰後倦焉？譬諸草木，區以別矣。君子之道，焉可誣也？有始有卒者，其惟聖人乎？"
13. 子夏：："仕而優則學，學而優則仕。"
14. 子游曰："喪致乎哀而止。"
15. 子游曰："吾友張也爲難能也，然而未仁。"

---

* 此處的"拒之"、"拒我"和"拒人"，劉寶楠《論語正義》作"距之"、"距我"和"距人"。——編注

16. 曾子曰："堂堂乎張也，難與並爲仁矣。"
17. 曾子曰："吾聞諸夫子：人未有自致者也，必也親喪乎！"
18. 曾子曰："吾聞諸夫子：孟莊子之孝也，其他可能也；其不改父之臣與父之政，是難能也。"
19. 孟氏使陽膚爲士師，問於曾子。曾子曰："上失其道，民散久矣。如得其情，則哀矜而勿喜。"
20. 子貢曰："紂之不善，不如是之甚也。是以君子惡居下流，天下之惡皆歸焉。"
21. 子貢曰："君子之過也，如日月之食焉：過也，人皆見之；更也，人皆仰之。"
22. 衛公孫朝問於子貢曰："仲尼焉學？"子貢曰："文武之道，未墜於地，在人。賢者識其大者，不賢者識其小者。莫不有文武之道焉。夫子焉不學？而亦何常師之有？"
23. 叔孫武叔語大夫於朝曰："子貢賢於仲尼。"子服景伯以告子貢。子貢曰："譬之宮牆，賜之牆也及肩，窺見室家之好。夫子之牆數仞，不得其門而入，不見宗廟之美，百官之富。得其門者或寡矣。夫子之云，不亦宜乎！"
24. 叔孫武叔毀仲尼。子貢曰："無以爲也，仲尼不可毀也。他人之賢者，丘陵也，猶可踰也；仲尼，日月也，無得而踰焉。人雖欲自絕，其何傷於日月乎？多見其不知量也。"
25. 陳子禽謂子貢曰："子爲恭也，仲尼豈賢於子乎？"子貢曰："君子一言以爲知，一言以爲不知，言不可不慎也。夫子之不可及也，猶天之不可階而升也。夫子之得邦家者，所謂立之斯立，道之斯行，綏之斯來，動之斯和。其生也榮，其死也哀，如之何其可及也？"

堯曰第二十

1. 堯曰："咨！爾舜！天之歷數在爾躬，允執其中。四海困窮，天祿永終。"舜亦以命禹。曰:"予小子履敢用玄牡,敢昭告于皇皇后帝:有罪不敢赦。帝臣不蔽,簡在帝心。朕躬有罪,無以萬方;萬方有罪,罪在朕躬。""周有大賚,善人是富。雖有周親,不如仁人。百姓有過,在予一人。"謹權量,審法度,修廢官,四方之政行焉。興滅國,繼絕世,舉逸民,天下之民歸心焉。所重:民、食、喪、祭。寬則得衆,信則民任焉,敏則有功,公則說。

2. 子張問於孔子曰:"何如斯可以從政矣?"子曰:"尊五美,屛四惡,斯可以從政矣。"子張曰:"何謂五美?"子曰:"君子惠而不費,勞而不怨,欲而不貪,泰而不驕,威而不猛。"子張曰:"何謂惠而不費?"子曰:"因民之所利而利之,斯不亦惠而不費乎?擇可勞而勞之,又誰怨?欲仁而得仁,又焉貪?君子無衆寡,無小大,無敢慢,斯不亦泰而不驕乎?君子正其衣冠,尊其瞻視,儼然人望而畏之,斯不亦威而不猛乎?"子張曰:"何謂四惡?"子曰:"不教而殺謂之虐;不戒視成謂之暴;慢令致期謂之賊;猶之與人也,出納之吝,謂之有司。"

3. 孔子曰:"不知命,無以爲君子也;不知禮,無以立也;不知言,無以知人也。"

〖附录2〗

人物表

（按《新论语》中首次出现次序排列）

核心篇第一

樊　迟：姓樊名须，字子迟，鲁国人，孔子前期年轻的弟子。

曾　参：姓曾名参，字子舆，鲁国人，孔子后期重要的弟子之一。

子　贡：姓端木名赐，字子贡，卫国人，孔子前期最重要的弟子之一，最为聪明能干，具有从政经商之才。

颜　渊：姓颜名回，字渊，鲁国人，孔子前期最重要的弟子之一，对孔子思想理解最深，也最得孔子喜爱，不幸早逝。

仲　弓：姓冉名雍，字仲弓，鲁国人，孔子前期较年轻的弟子。

子　张：姓颛孙名师，字子张，陈国人，孔子后期重要弟子之一。

司马牛：姓司马名耕，字子牛，宋国人，孔子前期较年轻的弟子。

宰　我：姓宰名予，字子我，鲁国人，孔子前期弟子，具有异端思想，常爱挑战老师的学说。

孟懿子：姓仲孙名何忌，"懿"是其谥号，鲁国贵族，孟孙氏，孔子前期弟子，其父临终前要他向孔子学礼。

子　游：姓言名偃，字子游，吴国人，孔子后期重要弟子之一。

子　夏：姓卜名商，字子夏，晋国人，孔子后期重要弟子之一。

孟武伯：姓仲孙名彘，"武"是其谥号，鲁国大夫，孟懿子之子。

鲁定公：鲁国国君，姓姬名宋，"定"是其谥号。他在位时，曾任孔子为大司寇，兼领相事执政。

林　放：姓林名放，字子丘，鲁国人，据传为孔子弟子。

路径篇第二

子　路：姓仲名由，字子路，又字季路，鲁国人，孔子前期最重要的弟子之一，以忠诚勇武著称。

曾　皙：姓曾名点，字子皙，鲁国人，孔子早期弟子，也是曾参之父。

冉　有：姓冉名求，字子有，鲁国人，孔子前期弟子。

公西华：姓公西名赤，字子华，鲁国人，孔子前期较年轻的弟子。

实践篇第三

齐景公：名杵臼，齐国国君，孔子在齐时，他曾想用孔子，未果。

叶　公：姓沈名诸梁，字子高，楚国大夫，因封于叶地，故称叶公。

季康子：姓季孙名肥，鲁国大夫，"康"是其谥号。他执政时，曾召回在外周游的孔子，但终未能用。

卫出公：名辄，卫国国君，卫灵公之孙。

鲁哀公：姓姬名蒋，鲁国国君，"哀"是其谥号。他在位期间，正是孔子晚年归鲁之时。

原　宪：姓原名宪，字子思，鲁国人，孔子前期年轻的弟子。

师　冕：乐师，名字为冕。

臧武仲：姓臧孙名纥，鲁国大夫。

孟公绰：鲁国大夫，孔子敬重的先贤。

卞庄子：鲁国大夫，居卞邑。

例证篇第四

颜　路：姓颜名无繇，字路，鲁国人，孔子早期弟子，也是颜回的父亲。

孔　鲤：姓孔名鲤，字伯鱼，孔子之子。

季子然：鲁国季氏族人，也有人认为他是孔子的弟子。

高　柴：姓高名柴，字子羔，卫国人，孔子前期较年轻的弟子。

闵　损：姓闵名损，字子骞，鲁国人，孔子前期弟子，有孝名。

公冶长：姓公冶名长，字子长，齐国人，孔子前期弟子，后为他的女婿。

南宫适：姓南宫名适，字子容，鲁国人，孔子前期弟子。

漆雕开：姓漆雕名开，字子开，鲁国人，孔子前期弟子。

宓不齐：姓宓名不齐，字子贱，鲁国人，孔子前期较年轻的弟子。

申　枨：姓申名枨，又名党，字周，鲁国人，孔子弟子。

冉　耕：姓冉名耕，字伯牛，鲁国人，孔子前期弟子。

澹台灭明：姓澹台名灭明，字子羽，鲁国人，孔子后期弟子。

陈　亢：姓陈名亢，字子禽，陈国人，孔子后期弟子。

师　挚：鲁国乐师。

阳　货：又名阳虎，季府的家宰，一度执掌鲁国大权。

公山弗扰：又名公山不狃，季氏的家臣。

陈成子：姓陈名恒，齐国大夫。他杀死齐简公，夺取了政权。

齐简公：姓姜名壬，齐国国君。

卫灵公：姓姬名元，卫国国君，"灵"是其谥号。

南　子：卫灵公夫人，以美貌著称。

王孙贾：卫灵公的大臣。

孔文子：姓仲叔名圉，卫国大夫，"文"是其谥号。

祝　鮀：卫国大夫。

蘧伯玉：卫国大夫，被视为贤人。

伯夷、叔齐：古代贤人。兄弟二人曾互相让位，后因反对周武王起兵伐纣，最后"不食周粟"，饿死在首阳山中。

佛　肸：晋国大夫范氏的家臣，后据中牟之地反叛。

微生亩：鲁国人，属于隐逸一类人物。

长沮、桀溺：两位隐士，是孔子在周游列国途中遇到的高人。

接　舆：楚国狂人。

陈司败：陈国官员。

鲁昭公：姓姬名裯，鲁国君主，"昭"是其谥号。

巫马期：姓巫马名施，字子期，鲁国人，孔子弟子。

吴孟子：即鲁昭公夫人。

孟之反：鲁国大夫，是孔子赞赏的人物。

季文子：姓季孙名行父，鲁成公时的正卿，"文"是其谥号。

原　壤：鲁国人，可能是孔子的乡亲邻里。

令尹子文：姓斗，名榖，字於菟，又字子文，楚国著名宰相。

崔　杼：齐国大夫，曾杀死齐庄公。

陈文子：名须无，陈国大夫。

晏　婴：姓晏名婴，字平仲，齐国名相，有贤名。

宁武子：姓宁名俞，卫国大夫，"武"是其谥号。

史　鱼：姓史名鳅，字子鱼，卫国大夫。

卫公子荆：姓姬名荆，字南楚，卫国公子。

子桑伯子：又称桑户、子桑户，隐士一类人物，生平不详。

公叔文子：姓公孙名拔，卫国大夫。

公明贾：姓公明字贾，卫国大夫。

宋　朝：宋国公子，传说有美色。

尧：中国古代最著名的圣君。

舜：尧之后的圣君。

禹：舜之后的圣君，也是夏朝的第一个国君。

羿：即后羿，传说中的那位射日英雄。据说为夏代有穷国国君，曾谋篡夏朝王位，后被其部将寒浞所杀。

奡：传说是寒浞之子，以力大著称，后被夏朝少康所杀。

稷：传说是周朝祖先，善稼。

泰　伯：周代始祖古公亶父的长子，因知道父亲有意将君位传给三弟季历（文王之父），便带着二弟出走吴地。

微　子：殷代纣王同母兄长，屡谏纣王，不听，最后离去。

箕　子：殷纣王叔父，劝纣王，不听，便披发装疯，后被贬为奴。

比　干：殷纣王叔父，多次强谏纣王，纣王怒而杀之。

子　产：姓公孙名侨，字子产，郑国贤相，执政二十多年，郑国大治。

裨　谌：郑国大夫。

世　叔：姓游名吉，郑国大夫。

子　羽：姓公孙名挥，字子羽，郑国大夫。

子　西：应指公孙夏，子产的兄弟，子产之后曾主政。

管　仲：姓管名夷吾，字仲，齐国名相，曾辅助齐桓公成为诸侯霸主。

齐桓公：姓姜名小白，齐国国君，曾是春秋霸主之一。

公子纠：齐国公子，齐桓公之兄，曾与齐桓公争位，被杀。

召　忽：公子纠的家臣。

左丘明：姓左丘名明，鲁国人，贤者，另有传为《左传》作者。

晋文公：姓姬名重耳，晋国国君，曾是春秋霸主之一。

臧文仲：姓臧孙名辰，鲁国大夫，"文"是其谥号。

柳下惠：姓展名获，字禽，其受封之地为"柳下"，惠是私谥，故人称"柳下惠"。鲁国的贤者。

微生高：姓微生名高，鲁国人。

高　宗：指商王武宗，即武丁。

哲思篇第五

周文王：姓姬名昌，周朝开国之君周武王之父。

桓　魋：宋国大司马。孔子周游列国途经宋国时，他曾派兵追杀。

公伯寮：姓公伯名寮，字子周，孔子前期弟子，品德似乎较差。

子服景伯：姓子服名伯，"景"是其谥号，鲁国大夫。

牢：传说为孔子弟子。

老　彭：殷商之时的贤者。

周　公：姓姬名旦，周文王之子，周武王之弟，鲁国开国之君，也是西周礼乐典章制度的创制者。

评价篇第六

叔孙武叔：名州仇，鲁国大夫。

公孙朝：姓公孙名朝，卫国大夫。

记忆篇第七

季桓子：姓季孙名斯，季孙氏，鲁国的执政者。

孺悲：鲁人，据说鲁哀公曾派他向孔子学礼。

阐释篇第八

周武王：姓姬名发，文王之子，周公之兄。周朝的创立者。

有　若：姓有名若，字子有，鲁国人，孔子后期弟子。

孟敬子：姓孟孙名捷，鲁国大夫。

棘子成：卫国大夫。

阳　肤：曾子弟子。

纣：名辛，商代末代君王，"纣"是其谥号，以残暴著称。